El tesoro de Michael Saylor

CÓMO BITCOIN IMPULSA LAS CULTURAS, LAS EMPRESAS Y LOS PAÍSES EN EL SIGLO XXI

ANIL PATEL

Este libro se ha creado como una obra de servicio público.
Puede descargarse gratuitamente en treasuryofsaylor.com.
Michael Saylor no gana dinero con este proyecto.

Composición tipográfica: Konsensus Network
Diseño de tapa: Konsensus Network
ISBN 978-9916-749-82-1 Hardcover
978-9916-749-83-8 Paperback
978-9916-749-84-5 Ebook

KONSENSUS NETWORK https://konsensus.network

tesoro *sustantivo*

te·soro

Un depósito de cosas valiosas.

Michael es un auténtico visionario. Supo ver lo que se avecinaba mucho antes que la mayoría de nosotros.
—CYNTHIA LUMMIS, senadora de Estados Unidos por Wyoming y presidenta de la Subcomisión de Activos Digitales de la Comisión de Banca del Senado

No hay nadie mejor que Anil para desentrañar la genialidad de Michael Saylor y hacerla comprensible para todo el mundo.
—PRESTON PYSH, cofundador de *The Investor's* Podcast Network y socio general de Ego Death Capital

Anil ha elaborado una guía concisa y perspicaz que es como un manual práctico sobre las fallas del sistema fiat. Como siempre, las ilustraciones son fantásticas.
—SU ALTEZA REAL EL PRÍNCIPE FELIPE DE SERBIA, director de estrategia de JAN3

Un gran trabajo de Anil. Michael es una mente brillante. Sus constantes enseñanzas y acciones han trazado un nuevo camino para que muchos de nosotros lo sigamos.
—RICARDO SALINAS PLIEGO, fundador y presidente del Grupo Salinas

Al igual que Arquímedes, Michael Saylor tuvo un momento "Eureka" que cambió el mundo: recaudar dinero a través de los mercados de capitales tradicionales para comprar Dinero Perfecto. Bitcoin transforma alquímicamente la dilución en acreción.
—MAX KEISER, cofundador de la Oficina Nacional de Bitcoin de El Salvador

Michael Saylor es pionero en la transformación digital de los mercados de capitales, con una ventaja de cuatro años en la mayor y más importante apropiación de tierras de la historia. Bitcoin solucionó el problema del dinero; Strategy está en una cruzada para arreglar los mercados de capitales.
—JEFF WALTON, vicepresidente de Estrategia Bitcoin en Strive Asset Management y fundador del pódcast *True North*

Nadie piensa tan rápido ni comparte con tanta generosidad como Michael Saylor. Su valentía para desafiar sistemas obsoletos, y su disposición a compartir cada lección que aprende, nos da a los demás una esperanza real y un camino claro hacia el empoderamiento financiero.
—NATALIE BRUNELL, autora de *Bitcoin es para todos* y presentadora del pódcast *Coin Stories*

Este libro ofrece una clase magistral de ingeniería financiera en una era en la que el capital del mundo se está actualizando a Bitcoin.
—LAWRENCE LEPARD, autor de *The Big Print*

La genialidad de Saylor es innegable, pero es la cuidadosa selección de Anil Patel lo que hace que estas profundas ideas sobre la energía, el dinero y el Bitcoin sean realmente accesibles. No se trata solo de una recopilación de citas, sino de una hoja de ruta esencial para comprender el futuro del dinero sólido.
—VIJAY BOYAPATI, autor de *The Bullish Case for Bitcoin*

Índice general

Nota del editor

Este libro cuenta con un prólogo escrito por alguien con quien nunca imaginé que me encontraría: Ricardo B. Salinas Pliego. Esta conexión ejemplifica el poder de crear contenido de alta calidad y compartirlo libremente en línea: nunca se sabe quién puede encontrarle valor.

Hace varios años, recibí un comentario alentador de Ricardo. Se trataba de una persona con acceso a todos los expertos imaginables, pero que buscaba en Twitter contenido educativo sobre Bitcoin. Esto demuestra que no le importan los títulos. Siempre está buscando información útil para refinar su visión del mundo y actuar en consecuencia, una habilidad sobre la que ha construido su imperio.

Identificar las tecnologías disruptivas siempre parece obvio en retrospectiva. Sin embargo, apostar por ellas en sus etapas iniciales es la verdadera prueba de convicción. Exige arriesgar tanto el capital como la reputación, al tiempo que se soporta la burla pública de los críticos y pesimistas, un destino que compartieron Ricardo y Michael. Pocos poseen el valor o los conocimientos históricos necesarios para elegir voluntariamente ese camino. Es mucho más fácil y seguro esperar a que una tecnología haya madurado.

Pero entonces, ¿sobre quién escribiríamos libros?

Prólogo de Ricardo B. Salinas

Conozco a Michael Saylor por las razones correctas: por las ideas. Fue Bitcoin lo que nos acercó, pero antes que eso nos unió una forma de mirar el mundo con rigor, con ética, con una obsesión sana por la verdad y por la libertad. Cuando conversamos la brújula apunta al mismo norte. Coincidimos en lo fundamental y, en Bitcoin, coincidimos por completo.

Primero que nada, creo que es un genio. Aún antes de su estrategia de Bitcoin, su libro The Mobile Wave fue muy importante para mí pues me abrió el panorama de cómo los dispositivos móviles serían una palanca estratégica para cualquier empresa que quisiera competir en el futuro. Michael fue el primero en ver con claridad lo que millones todavía intuyen y pocos se atreven a ejecutar. Con Bitcoin tomó una decisión empresarial que parecía imposible: transformar la tesorería de una empresa pública con una visión de largo plazo, con método, paciencia y una narrativa que iluminó a toda una generación de empresarios y ahorradores. La estrategia es fantástica y los resultados están a la vista; la forma en que su compañía ha crecido es notable.

Admiro de Michael dos virtudes que rara vez conviven: claridad de pensamiento y capacidad de ejecución. No sólo explica Bitcoin en un lenguaje que entiende la gente; también actúa en consecuencia y hace un trabajo de divulgación y de acción destacable. Sus enseñanzas constantes, sumadas a sus compras masivas de Bitcoin, abrieron camino para muchos. No exagero al decir que los bitcoiners le debemos mucho.

Saylor parte de una idea tan simple como poderosa: el dinero es energía económica y requerimos una "batería" que conserve esa energía a través del tiempo, del espacio y de las fronteras. Bitcoin es esa batería. Quien entienda esto deja de especular con el precio diario y empieza a pensar en décadas. Ese es el terreno de los constructores.

Aplaudo su forma de enseñar a ahorrar. Suele explicar —y coincido con él— que la mejor manera de entrar a Bitcoin es a través del dollar-cost averaging: ahorrar de forma sistemática, sin pretender adivinar el mercado. No es un juego de azar; es una política patrimonial y de capital. Si diriges una empresa con excedentes que se reinvierten en la operación, lo natural es fortalecer tu tesorería... con Bitcoin. No con bonos del Tesoro ni con deuda ajena. A eso lo llama treasury reserve asset y lo articula paso a paso, del modo defensivo al estratégico, con un mapa que cualquier consejo de administración puede discutir con seriedad.

Estamos ante la nueva frontera del ciberespacio y la decisión correcta es "comprar el futuro". La propuesta de Michael sobre una Reserva Estratégica de Bitcoin busca migrar de la riqueza de activos del siglo XX a un activo digital escaso del siglo XXI. Ese marco no sólo inspira a individuos; ya demostró que puede inspirar a otras compañías y, eventualmente, a naciones.

MicroStrategy —la empresa que fundó en 1989— hizo su primera compra de Bitcoin en 2020 y, desde entonces, convirtió esa visión en una política corporativa sostenida. En 2024 fue incluida en el Nasdaq-100 y en 2025 rebrandearon a "Strategy", reflejando con transparencia su foco en Bitcoin. Esa es coherencia entre palabra y acción. Si diriges una empresa, puedes aprender de esta trayectoria: usar utilidades, emisiones de capital y deuda inteligentemente estructurada para fortalecer un activo que conserva poder de compra en el tiempo.

Veo a Michael como un empresario que asigna capital con responsabilidad moral y con valentía intelectual, a contracorriente del fraude inflacionario del fiat. Vivimos en un sistema donde todo lo que posees puede ser confiscado por un capricho burocrático, donde el dinero gubernamental se deprecia para licuar deudas ajenas y el ahorro de la gente es castigado. Ante ese mundo, Bitcoin ofrece una salida honesta: dinero duro, verificable e inconfiscable.

Michael no es perfecto —nadie lo es—, pero sí es ejemplar en lo que más falta nos hace: una defensa férrea de la verdad monetaria y de la soberanía individual. Enseña que separar el dinero del Estado no es una herejía sino una condición para recuperar la dignidad del trabajo y del ahorro. Esa es, palabra por palabra, la conversación que debemos tener con nuestros hijos y con nuestros colaboradores. Termino con algo personal. Aprecio nuestras charlas sobre ética, empresa y libertad. Aplaudo su valentía pública, su constancia privada y su ejecución empresarial, todo esto lo convierte en un referente imprescindible de nuestro tiempo.

Recomiendo este libro y a su autor, Anil Patel, cuya labor de divulgación sobre Bitcoin en redes ha sido sobresaliente —y recomiendo a Michael Saylor— sin reservas. Si eres empresario, directivo, inversionista o simplemente alguien que quiere proteger el fruto de su trabajo, aquí encontrarás un mapa para actuar con inteligencia y con coraje. En un mundo saturado de humo, eso vale oro... o mejor dicho, vale Bitcoin.

— Ricardo B. Salinas Pliego

Ahora, toma un resaltador (lo vas a necesitar).

Cronología de Michael Saylor

1965: Nace en Lincoln, Nebraska, el 4 de febrero.
1976 (11 años): La familia Saylor se establece en Fairborn, Ohio, cerca de la base de la Fuerza Aérea Wright-Patterson.
1983 (18 años): Graduado de Fairborn High School como mejor estudiante de su promoción y delegado de clase.
1983–1987 (18 a 22 años): Cursa sus estudios en el MIT, donde se especializa en aeronáutica y astronáutica, así como en ciencia, tecnología y sociedad. Toca la guitarra en un grupo de rock, aprende a pilotear planeadores y completa su formación como oficial de vuelo en la Base de la Fuerza Aérea de Lackland, donde obtiene el grado de subteniente.
1987 (22 años): Se gradúa con los máximos honores del MIT, con una doble titulación en Ingeniería Aeroespacial e Historia de la Ciencia.
1987–1989 (22 a 24 años): Trabaja como consultor, primero para The Federal Group, Inc., donde crea simulaciones por computadora, y luego para DuPont, donde desarrolla modelos predictivos de las tendencias del mercado. Sus simulaciones pronostican con exactitud la recesión de 1990.
1989 (24 años): Funda MicroStrategy junto a su compañero del MIT, Sanju Bansal. En sus inicios, la empresa se especializa en la minería de datos y el software de inteligencia empresarial.
1992 (27 años): MicroStrategy obtiene un contrato de 10 millones de dólares con McDonald's para analizar la eficacia de sus campañas promocionales.
1998 (33 años): MicroStrategy sale a bolsa en el Nasdaq mediante una oferta pública inicial (OPI), con el ticker: MSTR.
1999 (34 años): Saylor funda The Saylor Foundation, con el objetivo de ofrecer educación gratuita a través de una 'ciberuniversidad en internet'.
2000 (35 años): Estalla la burbuja de las puntocom. Las acciones de MicroStrategy se desploman un 95 % entre marzo y mayo, y tocan fondo en julio de 2002. La revista *People* nombra a Saylor uno de los '100 solteros más cotizados de Estados Unidos'.
2008 (43 años): The Saylor Foundation se convierte en Saylor Academy: una organización sin ánimo de lucro que ofrece cursos en línea, gratuitos y de libre acceso, para obtener créditos universitarios o para el desarrollo profesional.
2012 (47 años): Saylor publica *The Mobile Wave: How Mobile Intelligence Will Change Everything*.
2020 (55 años): MicroStrategy realiza su primera compra de bitcoins: 21.454 BTC por 250 millones de dólares, a un precio promedio de 11.653 dólares por Bitcoin. Saylor anuncia que posee 17.732 BTC a un precio promedio de 9.882 dólares por Bitcoin (informando a la empresa sobre sus tenencias antes de la decisión de esta).
2022 (57 años): Saylor deja el cargo de director ejecutivo para convertirse en presidente ejecutivo, centrándose así en la estrategia y promoción de Bitcoin. Phong Le, el presidente de la empresa, asume el cargo de director ejecutivo para gestionar las operaciones diarias.

2024 (59 años): MicroStrategy es incluida en el índice Nasdaq-100, lo que da lugar a su inclusión en el Invesco QQQ Trust ETF (QQQ).
2025 (60 años): MicroStrategy cambia su nombre a 'Strategy', un reflejo de su enfoque en el Bitcoin y la IA. La empresa adopta un nuevo logotipo con una "B" estilizada y el naranja como color principal.

MicroStrategy

Estrategia fundadora

Me crié en una familia de la Fuerza Aérea y viví en bases militares durante toda mi infancia. A los dieciocho años, ingresé en el MIT con una beca de la Fuerza Aérea y me licencié en ingeniería astronáutica, con especialización en diseño de naves espaciales. Comenzó entonces a fascinarme cómo se introducen las nuevas tecnologías. Analizaba el impacto de fenómenos como la radiación en los tratamientos contra el cáncer, los ferrocarriles en las culturas y las ecuaciones de Maxwell en la comunicación. También obtuve allí una segunda licenciatura en historia de la ciencia, donde exploré la estructura de las revoluciones científicas y los cambios de paradigma.

Aprendí a volar en la Fuerza Aérea, pero nunca entré en servicio activo. Justo cuando estaba a punto de licenciarme, la Guerra Fría llegó a su fin. Un día, mi oficial al mando entró en la sala y dijo: "Hemos pagado tu formación. Tienes que cumplir cinco años de servicio activo, pero pasarán dos años antes de que te llamen a filas. Si quieres, puedes alistarte en la Reserva de la Fuerza Aérea". La alternativa era esperar o cobrar el triple en el sector civil sirviendo en la Reserva. Yo quería ser piloto de cazas, pero en el último semestre me diagnosticaron por error un soplo cardíaco benigno, lo que me impidió volar aviones de combate. Así que me alisté en la Reserva de la Fuerza Aérea y, de forma inesperada, me convertí en civil.

En el instituto quise ser una estrella del rock, pero ese sueño se vio truncado. Más tarde, en la universidad quise ser piloto de cazas, pero ese deseo también se frustró. En la universidad quise ser profesor. Me admitieron en un programa de doctorado en el último mes de carrera, pero no tenía dinero, así que decidí trabajar un año y solicitar una beca de investigación antes de volver por el doctorado. A los seis meses, la empresa para la que trabajaba quebró. Acabé en DuPont, desarrollando simulaciones informáticas, una de las cuales sirvió para justificar una inversión de capital de 1.500 millones de dólares en la industria petroquímica. A los dieciocho meses, presenté mi dimisión para volver al MIT. Pero el directivo que quería el proyecto debió de decir a su equipo: "Díganle a ese chico que lo necesitamos para que termine el trabajo".

Vivía en un apartamento que tenía cajas de leche a modo de estantería y gastaba 700 dólares al mes. Sabía que no quería convertirme en un burócrata de oficina, así que dije: "No me quedo". Me preguntaron si quería un aumento. Dije que no. Solo me quedaba una cosa en mi lista de tareas pendientes: ser el director general de mi propia empresa. De modo que les dije: "Si quieren que me quede, dejen que monte mi propia empresa".

Les pedí un cuarto de millón de dólares en efectivo. Alegaron que no podían darle a un chico de 24 años semejante cantidad de dinero de golpe. Así que utilicé la estrategia de negociación que solo funciona una vez en la vida. Dije: "Tienen que darme el dinero porque *no tengo dinero*".

Fueron a ver a su jefe y acabaron cerrando un trato que nadie aceptaría, y todo porque a su jefe le faltaban unas semanas para recibir un cheque de mil millones de dólares de una megaempresa, y yo era el único en toda la Costa Este que podía hacer que su programa informático funcionara. Me dieron el dinero y pensé: "¡Madre mía, tengo 250.000 dólares! Esto es capital suficiente para tirar siete años". También me dieron 2,5 millones de dólares en contratos, me permitieron contratar a diez personas de DuPont y me proporcionaron un despacho y equipos informáticos gratis durante los primeros años.

Empecé Strategy a los 24 años, pensando que volvería a la universidad si fracasaba. Pero nunca fracasó. El primer año (1989), la empresa estaba valorada en 5 millones de dólares, y pronto se duplicó a 10 millones, luego 20, 40 y, finalmente, 80 millones. Hacia 1996-97, la fiebre de las puntocom estaba en pleno apogeo. Todo el mundo insistía: "¡Tienes que salir a bolsa!". Así que lo hicimos en 1998. Me subí a la montaña rusa y ya no hubo vuelta atrás. Básicamente, llegué sin tener ni idea y, sin buscarlo, tropecé con una mina de oro.

La ironía es que todavía no tengo el doctorado. ¡No soy más que un simple universitario del MIT.

"Disfruta del viaje". Fuente de la imagen: LaDoger

PARTE UNO
ENERGÍA

CAPÍTULO UNO

Lecciones de Standard Oil: Energía líquida

¿Cómo llegó John D. Rockefeller a ser el hombre más rico del mundo?

Primero, partió de una materia prima de gran densidad energética: el petróleo crudo. Después, desarrolló un método para refinarlo y convertirlo en productos estandarizados, liberando así su energía potencial.

Aquello supuso un avance fundamental. Antes de Rockefeller, la gente se embarcaba en buques de madera para cazar ballenas y extraer su grasa, que luego usaban para producir queroseno para las lámparas. Hasta que apareció una nueva fuente de energía, el petróleo, mil veces más eficiente.

¿Ha intentado alguna vez cruzar el océano en velero? Imagínese que llega Rockefeller y le dice: "Tengo este barril de diésel para hacer funcionar un motor. Ya no necesitará velas, y navegará tres veces más rápido". ¡No le costaría mucho convencer a nadie! A su empresa la llamaría Standard Oil.

Standard Oil refinaba, almacenaba y distribuía energía líquida por todo el mundo. La empresa adquirió refinerías para procesarlo, así como buques y vagones cisterna para almacenarlo y transportarlo. Llegaron a crear una red de distribución minorista, y regalaban las calderas con tal de vender el petróleo. Así nació la primera gran red energética, y fue tan potente que, menos de cien años después de la muerte de Rockefeller, el valor conjunto de las petroleras asciende a billones de dólares.

Standard Oil: Comercialización de energía líquida

'Nos han acusado de muchas cosas, pero no podrán decir que no le dimos a la gente petróleo a un precio más bajo del que jamás hubieran soñado'.

—JOHN D. ROCKEFELLER (*Reminiscencias aleatorias de hombres y acontecimientos*)

La gente no suele interpretar el nombre *"Standard Oil"* de forma literal, pero debería. Representaba una calidad uniforme de energía líquida que era fiable: no atascaba los motores ni le explotaba a uno en la cara. Esta fuente de energía fue tan potente que ayudó a Estados Unidos a ganar las dos guerras mundiales y a cambiar el rumbo de la civilización occidental. Muchas victorias a lo largo de la historia tienen su origen en sistemas energéticos superiores.

¿Cómo construyó Rockefeller la *Standard Oil*? Recaudó todo el dinero que pudo y adquirió cuantos activos le fue posible. Luego, limpió la industria y lo estandarizó todo. No fue una mera estrategia de inversión, sino algo mucho más profundo. Rockefeller comercializó la energía líquida y apostó por ella sin descanso durante cuarenta años consecutivos. Todavía hoy, sus tataranietos conservan acciones en aquellas empresas.

Las civilizaciones se fundamentan en sus sistemas energéticos. **Si alguien me hubiera preguntado hace 150 años cuál era la mejor idea para invertir, yo habría respondido: "la energía líquida".** Impulsó barcos, fábricas, automóviles y, en definitiva, al mundo entero.

CAPÍTULO DOS

La naturaleza de la energía

La energía es *la* fuente universal de vida. Como bien observó Einstein, la energía se conserva: ni se crea ni se destruye. En el universo y en el sistema solar existe una cantidad de energía fija, que llega a la Tierra en todo momento.

CANALIZAR LA ENERGÍA

Al observar una hoguera, ves cómo la materia (la madera) entra en una reacción. La madera arde, la luz destella y el calor se irradia. Ante tus ojos, la energía se transforma y la madera se convierte en carbón.

Todo empezó con el **fuego**. La idea fundamental fue que la materia contiene energía, y que podemos extraerla mediante la combustión. Esa sencilla idea distinguió a los seres humanos de todas las demás especies.

Luego vino el **agua**. La gravedad nos rodea por todas partes y aprendimos a aprovecharla. Descubrimos que es posible extraer energía de un campo gravitatorio. Un acueducto utiliza la gravedad para transportar agua a grandes distancias. Cuando se levanta una presa en un arroyo para hacer girar una rueda hidráulica, la energía gravitatoria se convierte en energía mecánica. Esto supone un avance considerable si lo comparamos con moler grano mediante fuerza animal. Por eso, las primeras civilizaciones (como la egea y la griega) construyeron sus ciudades junto a los ríos. Se estaban asentando en torno a redes energéticas alimentadas por la gravedad.

El **vapor** marcó otro punto de inflexión. Fue el gran avance que llevó la energía a las fábricas, los barcos y los trenes. Impulsó la Revolución Industrial y cambió el mundo.

Después llegó el **petróleo**, una fuente de energía líquida y estable a temperatura ambiente. Podemos almacenarlo en un barril y quemarlo en un motor para convertir la energía térmica en mecánica, la cual, a su vez, nos permite hacer girar una turbina y producir energía eléctrica.

La **electricidad** es una forma de energía limpia y silenciosa. Impregna todos los aspectos de nuestra vida. No existen ensayos sobre su poder escritos por figuras como Arquímedes o Newton. Aunque eran genios, no podían concebirla. Hoy en día, nosotros sí; es evidente que está destinada a transformarlo todo.

Por último, Fermi desarrolló una reacción en cadena **nuclear** controlada, lo que nos proporcionó una energía limpia y libre de carbono.

ALMACENAMIENTO Y TRANSMISIÓN DE ENERGÍA

El principal desafío de la humanidad es el almacenamiento y la transmisión de energía a través del tiempo y del espacio, y entre dominios gubernamentales.

La potencia es el ritmo al que la energía se produce o se convierte. Una red eléctrica convencional que utiliza carbón para generar electricidad (convirtiendo energía química en energía eléctrica) pierde aproximadamente un 35 % de la energía del carbón durante el proceso de conversión. Una vez generada, la electricidad se transmite por líneas de alta tensión, capaces de transportarla hasta unas 500 millas, perdiendo en el proceso aproximadamente un 2 % de la energía. Luego, su voltaje debe reducirse para poder distribuirla a los hogares, lo que ocasiona una pérdida adicional del 4 %. Si partiéramos de energía pura en la central eléctrica, para cuando esta llegara a nuestro hogar ya se habría perdido un 6 %. Finalmente, una vez que la electricidad llega a los hogares, no puede almacenarse, por lo que debe consumirse de inmediato.

Pero supongamos que quisiéramos almacenarla. Para eso, necesitaríamos una batería.

Una batería moderna convencional (de iones de litio) pierde cerca del 2 % de su energía al mes, lo que equivale a un 20 % anual. En tres años, se pierde la mitad de la carga y, al cabo de 10 años, solo queda alrededor de un 9 %. Nuestra civilización depende de la red eléctrica para el suministro de electricidad, pero esta no es muy eficaz a la hora de almacenarla.

Pérdida de potencia de la batería *(al 2 % por mes)*

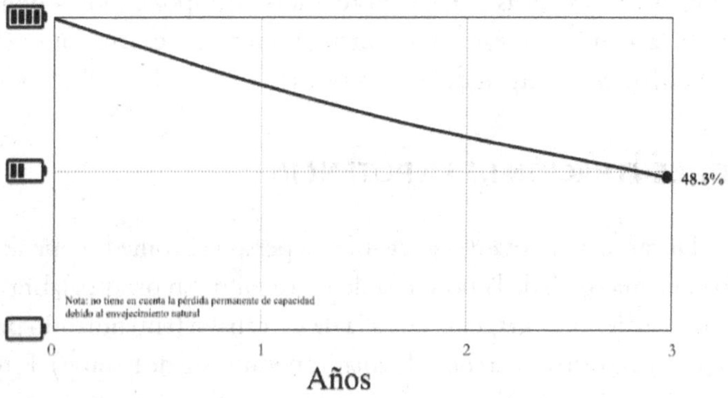

SISTEMAS ENERGÉTICOS

En ingeniería, si en un sistema energético la energía se mantiene constante (es decir, no entra ni sale), se lo denomina como un *sistema adiabático*. Casi todo problema que se le plantea a un estudiante de ingeniería empieza con la frase: "supongamos un sistema adiabático", porque si entra o sale energía del sistema, todas las soluciones de ingeniería dejan de ser válidas.

Por ejemplo, imaginemos que visitamos Miami Beach en un día despejado. El sol brilla y la temperatura es de 27°C (80°F). Todo es "normal". Se puede predecir con precisión la afluencia de gente en la playa, en los restaurantes y en los hoteles. Pero si inyecto energía en el sistema con un maremoto de 15 metros (50 pies), todos sus modelos se vienen abajo. Sus cálculos matemáticos, sus conocimientos de física o los datos históricos dejan de ser relevantes, porque he introducido un exceso de energía en el sistema. La experiencia en Miami Beach es muy distinta durante un huracán. Lo contrario sería extraerle energía al sistema. ¿Qué ocurre cuando la temperatura en Miami Beach baja a -1°C (30°F)? No verá a nadie en la playa jugando al vóleibol en traje de baño. No observará la misma actividad comercial en restaurantes o bares. No verá las mismas pautas de tráfico. En definitiva: la energía importa.

A menudo, los ingenieros solo tienen en cuenta las implicaciones de su formación en lo que respecta a máquinas, edificios u otros sistemas de ingeniería tradicionales. En otras palabras, no aplican las herramientas matemáticas y lógicas que han aprendido a campos como la política, la banca, la guerra, la creación de dinero, la cultura o el arte. Simplemente, se mantienen al margen de esos ámbitos.

CONCENTRACIÓN DE LA POTENCIA

Durante una hora de ejercicio, una persona promedio puede ejercer una décima parte de la potencia de un caballo. En otras palabras, la potencia de diez personas equivale a la de un caballo (entendiendo potencia como la tasa de transferencia de energía por unidad de tiempo). Esto resulta evidente si pensamos en un juego de tira y afloja entre varios humanos y un caballo.

Caballos de fuerza

1 **10**

¿Por qué los europeos tenían ventaja cuando llegaron al Nuevo Mundo frente a las tribus nativas? Los europeos dominaban los caballos, pero los nativos americanos no.

El soldado a caballo vence al soldado de a pie.

A continuación, consideremos la energía liberada en un solo golpe de un boxeador semiprofesional. Estará en el rango de unos 500 julios de energía. Una pistola de mano también genera unos 500 julios. Pero en el caso de la pistola, esos 500 julios se concentran en una pequeña bala metálica. Así, la misma cantidad de energía, concentrada en una centésima parte del espacio, puede atravesarte de lado a lado. Es más, una persona promedio puede hacer seis disparos en el mismo tiempo que tarda en dar un puñetazo, pero no puede dar un golpe seis veces más fuerte que el Muhammad Ali.

La pistola vence al puñetazo.

Y, por último, una bomba estándar equivale a 1,87 gigajulios (1870 millones de julios). La bomba atómica que se lanzó sobre Hiroshima, equivale a 63 terajulios (63 billones de julios).

La bomba vence a la pistola.

Vemos, así, que la historia de la humanidad y de los complejos militares está determinada por quién es capaz de canalizar la mayor cantidad de energía.

EL PODER DE LAS MÁQUINAS

El avance de la civilización humana está marcado por esta serie ininterrumpida de pasos. Primero encontrar formas de reunir y almacenar más energía. Luego, construir máquinas. Las máquinas son mecanismos que canalizan energía para convertir la energía potencial en energía cinética o térmica.

Una pequeña central hidroeléctrica puede generar entre uno y 50 megavatios. La presa de las Tres Gargantas, en China, es la central hidroeléctrica más grande del mundo, con capacidad para generar 22.500 megavatios (22,5 gigavatios). Hoy en día, existen formas extraordinariamente eficientes de generar electricidad. El reto es que ninguna batería puede almacenar toda la energía eléctrica que genera una presa hidroeléctrica.

La energía nuclear es otra forma extraordinaria de aprovechar la energía y generar electricidad. El problema es que aún no hemos dado con el reactor nuclear de bolsillo. De nada sirve tener mucha energía en ciertos lugares si no se puede transportar a donde se necesita. Aunque tuviera energía infinita en su origen, ¿cómo la llevaría en un avión a cinco millas de altura? El uso de combustibles fósiles como el diésel o la gasolina da flexibilidad. My Global Express[1] funciona con combustible de aviación porque es lo que se necesita para subir a 45.000 pies y mover el fuselaje. ¡Canalizar 30 megavatios de potencia a esa altitud no es poca cosa!

---

[1]Jet de negocios de largo alcance, fabricado por Bombardier Aviation.

RESISTENCIA AL CAMBIO

Dentro del ejército, se pueden encontrar ejemplos de rechazo a lo nuevo y aferramiento a lo antiguo. Si la Fuerza Aérea está dirigida por pilotos, pondrán trabas. Si una misión la completa alguien que dispara misiles a distancia con un dron, se llevará el credito de las 100 misiones siguientes. Es como en *Top Gun 2*: toda la película trata sobre una misión con piloto, pero en los primeros 60 segundos te das cuenta de que, desde un punto de vista tecnológico, lo que deberían hacer es enviar un dron. Pero claro, entonces no hay momento heroico, ni hace falta el portaaviones, ni la base naval, ni Top Gun. Enviarían un solo dron a disparar un único misil. Fin de la historia.

A las profesiones y organizaciones centradas en el ser humano no les gusta la narrativa del cambio tecnológico.

CAPÍTULO TRES

Lecciones de Santorini: El diseño urbano como saneamiento

Santorini es una hermosa isla con su ciudad capital construida sobre una caldera a unos 150 metros por encima del puerto. Puedes tomar un ascensor o puedes tomar un burro. Cuando visité Santorini, estaba en mi locura por el fitness y decidí caminar. ¿Y saben lo que vi nada más empezar a subir las escaleras? **Un río de estiércol de burro.**

Es casi imposible esquivarlo. Vas dando saltitos de aquí para allá. ¡Y esto es la Grecia del siglo XXI! Después de miles de años, todavía no han encontrado la forma de limpiarlo. Así que retrocedamos 3000 años y hagamos un experimento mental. ¿Cómo era vivir en una ciudad que dependía de la tracción animal para transportar mercancías?

Espantoso: un lugar plagado de moscas, de tifus y de gérmenes.

No es que tuvieran mangueras a presión; cuando el estiércol se seca, se convierte en polvo y el viento lo esparce por el aire. Lo acabas respirando y oliendo. No es una simple cuestión de comodidad ¡es que te mueres! No se puede juntar a un grupo de seres humanos en un mismo lugar sin resolver el problema del saneamiento.

Entonces caí en la cuenta de por qué todas las calles de Miconos son tan estrechas: para impedir el paso de los caballos. Son ciudades pensadas para recorrer a pie. Por algo la clase ecuestre de la antigua Roma estaba formada por nobles (el 0,1 % superior de la sociedad). Ser rico y poderoso significaba tener derecho a llevar un caballo a la ciudad.

No es que el resto de la sociedad no pudiera permitirse tener caballos, sino que permitir que cualquiera entrara con uno en la ciudad la habría vuelto tan insalubre que sería inhabitable. En consecuencia, la mayoría de las ciudades antiguas debían funcionar con tracción humana. Esto creaba el dilema de cómo transportar las mercancías. Se necesitaba una fuente de energía limpia que no contaminara el suministro de agua y que no acabara matando a todo el mundo. Y la respuesta, por supuesto, era el barco.

El entorno óptimo consiste en tener 25 ciudades portuarias situadas a lo largo de un mar interior en calma, con entre seis y nueve meses de clima suave al año. Esto permitía realizar travesías seguras de un punto a otro sin riesgo de naufragio. Lo que acabo de describir es el mar Mediterráneo. Es ideal para la navegación: los barcos pueden viajar a menudo sin perder de vista la costa y, con tantos puertos, es difícil perderse.

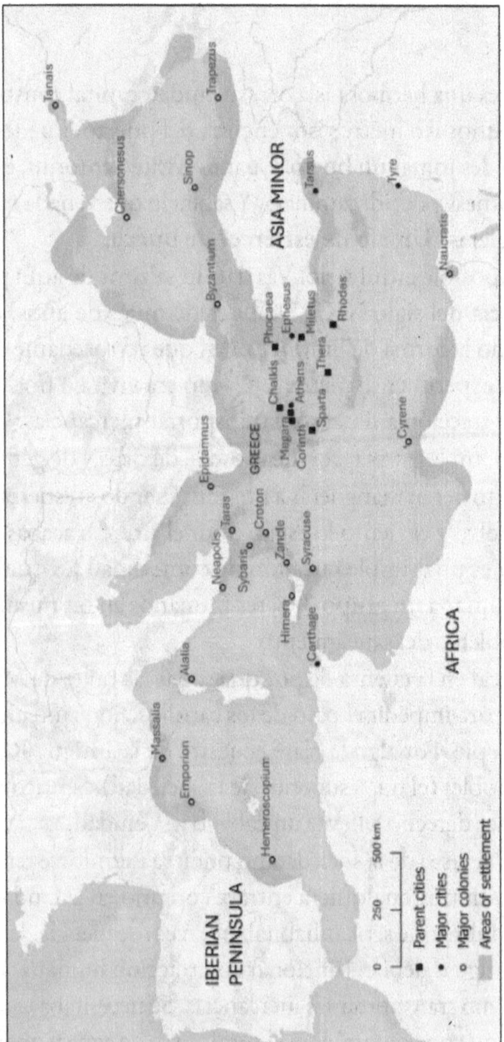

Imagen: 'Colonias griegas en los siglos VIII-VI a. C.' por Jesse Yglesias, Wikimedia Commons (CC0).

CAPÍTULO CUATRO

Las cuatro formas de concentrar el poder

CULTURAS DE BAJA ENERGÍA FRENTE A CULTURAS DE ALTA ENERGÍA

Las culturas que canalizan eficazmente la energía para ejercer y dirigir el poder consiguen expandirse, prosperar y dominar a otras. Por el contrario, las culturas de baja energía, como las sociedades de cazadores-recolectores, a menudo carecían de tecnologías avanzadas como la rueda, los caballos o las fábricas. Estas culturas, menos poderosas, menos eficientes y con menor conciencia energética solían ser desplazadas, ya que la seguridad física depende del poder militar. Sin el poder suficiente, un grupo es expulsado de sus tierras. A lo largo de los últimos 20.000 años, grupos más dominantes, como los romanos o los galos desplazaron a miles de tribus por toda Europa.

Si bien la capacidad de dirigir el poder es importante, existen mecanismos clave para que una cultura pueda *concentrarlo*.

AGRICULTURA

La agricultura concentra la energía nutricional y, con el tiempo, también la mano de obra. Si se quiere tener una alta densidad de población, hay que dedicarse a la agricultura: sembrar trigo y otros cereales. Eso fue exactamente lo que hicieron los romanos hace 2.000 años. Entre las ruinas romanas se encuentran molinos (que se utilizaban para moler el grano con el que se hacía el pan). Solían contar con una serie de ruedas hidráulicas que generarían cientos de kilovatios (quizás incluso megavatios) de energía. Los romanos fabricaban una especie de galletas para alimentar a sus ejércitos durante las marchas, ya que era imposible transportar carne fresca para un ejército de 20.000 soldados.

"Este cambio aparentemente trivial en la siembra, y la mejora del arado, contribuyeron a lo que se dio en llamar la revolución agrícola, cuyos efectos pueden medirse (incluso teniendo en cuenta la inflación) por la multiplicación por diez, durante el siglo XVIII, del valor de las tierras donde se aplicaron los nuevos métodos".

—WILL & ARIEL DURANT (*La Era de Voltaire*)

Al estudiar las sociedades de cazadores-recolectores y la dieta paleolítica, uno se da cuenta de que esta solo permite mantener a una décima parte de la población en una determinada superficie. Hace cien mil años, cuando la gente vivía de la dieta paleolítica, tenía una buena dentadura. Cuando se introdujo la agricultura en Egipto, comenzaron aparecer las caries. ¿Por qué? Porque consumían demasiado almidón, azúcar y trigo. Pero esta dieta era diez veces más barata, lo que permitía sostener una población diez veces mayor. De ahí que la sociedad que adopta la agricultura y empeora sus estándares nutricionales pueda formar un ejército de 20.000 soldados.

Las sociedades de tipo cazador-recolector, ya fueran los pueblos aborígenes de Australia, los nativos americanos o las diversas comunidades de Sudamérica, no podían canalizar suficiente energía como para generar una alta densidad de población. Sencillamente, no podían generar la munición necesaria, por lo que fueron desplazadas en poco tiempo. También está el factor biológico, pues las enfermedades infecciosas como la viruela tienen un papel importante. Pero incluso si hubieran contado con la misma resistencia biológica a los gérmenes y las mismas armas, hay que tener en cuenta otros concentradores de poder.

MANUFACTURA

La manufactura permite proyectar poder a través de armamento y maquinaria. Se convierten las materias primas en productos finales. Es posible disponer de menos mano de obra, pero alcanzar un poder total mayor, si se cuenta con la capacidad técnica o con sistemas más potentes. Quien posee todas las fundiciones y las fábricas de municiones, probablemente gane la guerra. Si no se fabrican rifles, se pierde el control de la tierra. Si no se fabrican cañones y barcos, se pierde el control de los mares. Si no se fabrican aeronaves, se pierde el control del espacio aéreo.

BANCO

Si un orfebre primitivo crea un banco, acepta en depósito cien libras de oro y emite certificados por el mismo valor, ha concentrado el poder en su establecimiento. Sin embargo, una sociedad que inventa la banca de reserva fraccionaria adquiere un poder aún mayor, ya que un político que pretenda librar una guerra de un billón de dólares sin contar con los recursos necesarios puede ahora crear un banco, tomar el dinero prestado y financiar el conflicto. Al emitir papel moneda, una obligación de deuda contra los ingresos fiscales futuros, no se necesita el servicio militar obligatorio. Utiliza ese papel moneda para contratar al ejército y librar la guerra. Pero cuando la banca se corrompe, el dinero puede distorsionar por completo el equilibrio de poder.

> *"No existe peor tiranía que obligar a un hombre a pagar por lo que no quiere, solo porque uno cree que sería bueno para él"*
>
> —ROBERT A. HEINLEIN (*La luna es una cruel amante*)

POLÍTICA

Establecer una autoridad política centralizada, ya sea la de un rey, la ejercida a través de organismos o la de una confederación, otorga el poder de imponer regulaciones.

En tiempos de paz, la gente es libre de hacer lo que le plazca. Las relaciones comerciales se organizan de tal manera que la producción se asigna eficientemente. La economía en su conjunto crece más rápido y a mayor escala, y el nivel de vida es más alto. La salud física y mental de las personas también mejora. Pero siempre aparece alguien con una nueva idea para otra guerra. Generalmente, la guerra se libra para apoderarse de la propiedad ajena y redistribuirla conforme a los deseos del gobernante. Es una lucha interminable en la que los más poderosos dominan a los menos poderosos; lo unico que cambia son las herramientas.

Los vectores del vicio se concentran en torno a los bancos y al gobierno. El dilema es que la única manera de debilitar a los bancos es fortalecer al gobierno. Con el tiempo, ese poder se convierte en su propio vicio. Hoy en día tenemos entidades más poderosas que en cualquier otro momento de la historia. Pensemos en el poder que tenían Gengis Kan o Julio César hace 2.000 años; palidece frente a la capacidad de devaluar la moneda de miles de millones de personas en un 20 % en cuestión de meses. Esto podría suponer el drenaje o desvío de una energía económica equivalente a 10 billones de dólares. En definitiva, es un dilema, pero todo se reduce al poder y la energía.

Los cuatro concentradores de poder

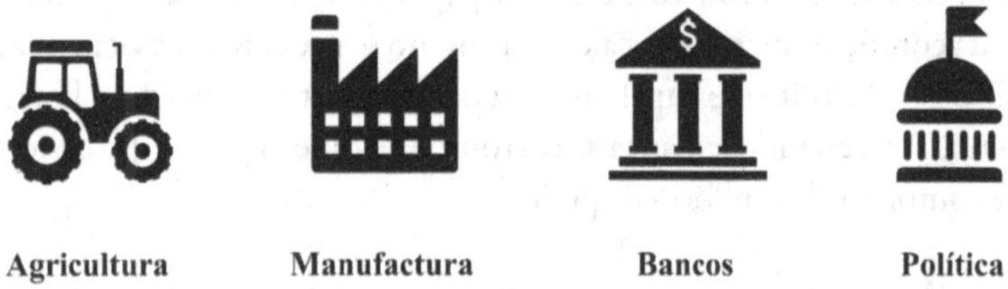

CAPÍTULO CINCO

Lecciones de Casino Jack

Déjame contarte una historia para explicar cómo funciona el lobby en Washington D. C.

Comienza a aparecer un montón de sitios web de apuestas de póquer online. A todo el mundo le encantan. Pero empiezan a mermar los ingresos de varios casinos indígenas. Estos casinos están amasando una fortuna porque el gobierno les ha concedido licencias para permitir las apuestas en sus reservas, y sus ingresos del juego están exentos de impuestos. Las tribus nativas americanas deciden que quieren acabar con las apuestas en línea, así que se trasladan a D.C.

Contratan a un lobista llamado Jack Abramoff y le pagan generosamente.[1] Él se queda con un tercio, gasta otro tercio en anuncios de televisión y destina el tercio restante a distintos ministerios cristianos fundamentalistas. Ahora bien, ¿qué tienen que ver estos ministerios con las reservas indígenas? Pues bien, los convenció de firmar una carta que decía algo así como: 'Creemos que las apuestas en línea son una abominación a los ojos de Dios. Están corrompiendo a la juventud de Estados Unidos. No es algo cristiano'. Y lograron que esa carta se publicara en el *New York Times*, el *Wall Street Journal* y el *Washington Post*.

Los fundamentalistas comenzaron a presionar contra los juegos de azar en línea. De repente, aparecía a una organización sin ánimo de lucro, sin relación aparente, que planteaba una objeción moral particular. No estaban presionando contra los juegos de azar en las reservas indígenas ni en Las Vegas.¿Por qué decidieron oponerse específicamente a las apuestas en línea? Sencillo: nadie les paga por oponerse a otras faltas a la moral.

Un cliente les ofreció dinero, lo aceptaron y firmaron una carta. Acto seguido, Abramoff llevó las cartas a Washington y las presentó ante el Congreso. Se aprobó entonces una ley que ilegalizaba el póquer en línea.

[1]Abramoff recibió más de 80 millones de dólares en concepto de honorarios por actividades de lobby entre 2000 y 2003 de seis tribus indígenas. Véase Schmidt & Grimaldi, *El rápido ascenso y la abrupta caída de Jack Abramoff*, *Washington Post*, 29 de diciembre de 2005.

El negocio se vino abajo y la gente volvió a los casinos y a las reservas indígenas. Los casinos, felices.

En realidad, el debate no gira en torno a si el juego debería existir, sino a qué grupo en particular, o a sus competidores, deberían ir a parar sus ingresos, y si debería practicarse en línea o en persona. La estrategia consiste en que los casinos financien a grupos de presión que contratan a una organización sin fines de lucro para que actúe como tapadera e influya en la opinión pública. Este método puede combinarse con donaciones a políticos. Sin embargo, los políticos no pueden aceptar directamente fondos de los casinos indígenas para ilegalizar a sus competidores, ya que eso daría mala imagen. En su lugar, reciben dinero de forma indirecta, a menudo con el pretexto de proteger a la juventud estadounidense, lo que el público considera aceptable.

Todos cobran: Abramoff, los políticos y la organización sin fines de lucro. Finalmente, se hizo una película sobre esto llamada *Casino Jack*. Este esquema se conoce como el *triángulo de hierro*, y es una práctica que se remonta a miles de años.

El triángulo de hierro

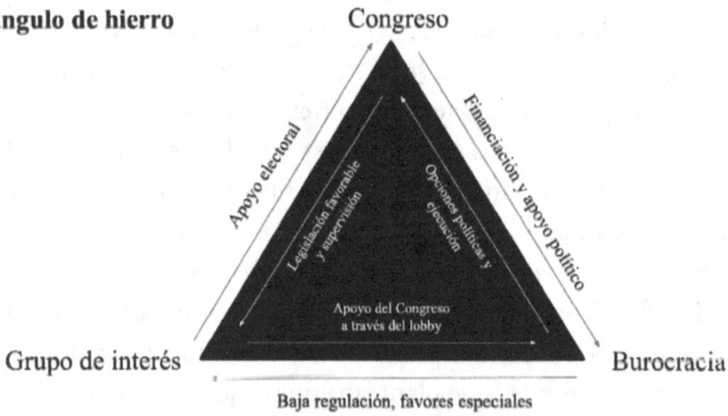

Fuente: Wolfford, D. (2020). Política del Gobierno de los Estados Unidos. Perfection Learning.

PARTE DOS
DINERO

CAPÍTULO SEIS

El dinero como energía económica

¿QUÉ ES EL DINERO?

Muchas personas llegan a la mediana edad sin haberse preguntado nunca: "¿Qué es el dinero?". Si nunca te planteas esta cuestión fundamental, tampoco podrás considerarlo desde la perspectiva de la ingeniería.

El ser humano prospera al canalizar energía, y el dinero es la forma más elevada de energía que podemos encauzar: la energía económica.

El dinero es fundamental para permitir la cooperación dentro de la civilización, lo cual nos permite especializarnos.

El reto consiste en encontrar una forma fiable de almacenar dicha energía económica.

De modo que, si vas a trabajar 80.000 horas a lo largo de tu vida para ganar dinero, deberías dedicar 100 horas a protegerlo.

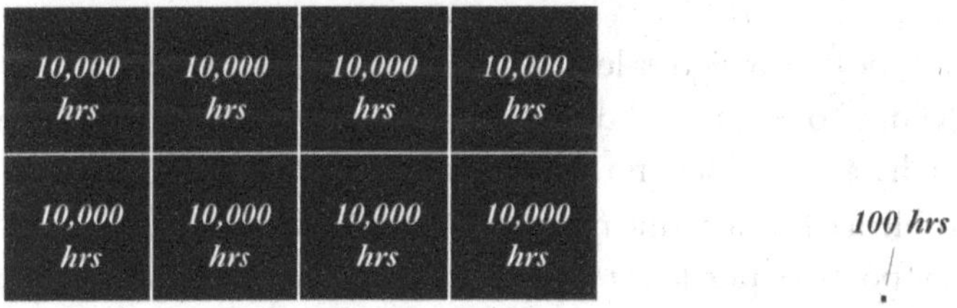

Ganar dinero **Estudiar el dinero**

ALMACENAR ENERGÍA ECONÓMICA

A lo largo de cientos de millones de años, los mamíferos desarrollaron células grasas para almacenar energía orgánica. Sin embargo, a nosotros siempre nos ha costado almacenar la energía económica. Todas las soluciones que hemos encontrado presentan inconvenientes persistentes.

Imagina que estás en Nigeria. La naira se desploma y tener dólares estadounidenses es ilegal. ¿Cómo montarías un negocio?

La respuesta suele ser: no se puede.

Todo el mundo sigue siendo pobre. Las empresas quiebran. La economía no deja de colapsar.

Es como si un diabético de tipo 1 sin insulina dijera: "¡Sencillamente, morimos!".

El dinero sano es tan vital como los antibióticos, la grasa o la electricidad. Es una cuestión de vida o muerte para los miles de millones de personas que hoy se enfrentan a la miseria económica.

LA BATERÍA IDEAL

La premisa para que el universo funcione es la conservación de la energía.

> Una persona sin energía es un fantasma.
> Un objeto sin energía es una imagen.
> **El dinero sin energía es crédito.**

El costo de copiar algo es lo que crea la escasez. La idea detrás de la escasez del dinero es que si el dinero conserva su valor, todo lo demás también lo hará. Si el dinero no conserva su valor, el mundo enloquece.

El problema actual es que no existe el dinero digital, solo el crédito digital. Los políticos pueden crear la cantidad que deseen, en cualquier momento, lo que resulta en una pérdida de energía de entre el 10 % y el 90 % anual.

Por primera vez en la historia de la humanidad, hemos inventado una tecnología (Bitcoin) que permite a los individuos y a las empresas vincular la energía económica a sí mismos.

Esto significa que ya no tendrás que sufrir una muerte económica prematura y dolorosa, un destino que innumerables personas han enfrentado a lo largo de la historia (véase *La historia de la civilización* de Will Durant) y que aún hoy experimentan en lugares como Cuba, Corea del Norte, Venezuela y gran parte de África.

Al principio, algunos no valorarán esta tecnología, y no pasa nada. No todo el mundo adopta una nueva tecnología de inmediato. Cuando se inventó el aire acondicionado, no toda la población lo instaló de la noche a la mañana.

Pasarán décadas hasta que Bitcoin sea aceptado universalmente.

Satoshi nos hizo un regalo: la posibilidad de ser dueño de tu propio dinero, un dinero que nadie puede quitarte.

Bajo un patrón Bitcoin, las personas, las familias y las empresas podrían experimentar un espectacular aumento de su longevidad económica.

¡Vivir más es bueno!

Traducción: "#Bitcoin permite la conservación de energía en el tiempo y el espacio porque impone la conservación de energía en el ciberespacio"

CAPÍTULO SIETE

Moneda vs. Capital

Cualquier economista de manual te dirá que el dinero es una reserva de valor, un medio de intercambio y una unidad de cuenta.

Sin embargo, no suelen profundizar más allá en su razonamiento.

Pero en el mundo moderno, **el dinero se ha desdoblado en dos formas distintas: capital y moneda corriente.**

El dinero es el concepto más amplio.

MONEDA

La moneda corriente es lo que gasto para comprar gasolina, un dónut o pagar el alquiler. Es un **medio de intercambio** líquido y estable para las transacciones diarias.

Permite que millones de empresas fijen precios para miles de millones de bienes y servicios. En el mundo existen unas 120 monedas.

> La naira nigeriana (NGN) es un medio de cambio.
> La lira turca (TRY) es un medio de cambio.
> El peso argentino (ARS) es un medio de cambio.

Pero, en Argentina, la unidad de cuenta es el dólar estadounidense. La gente *calcula* en dólares. ¿Por qué?

Porque las monedas débiles sufren una inflación anual del 14 al 24 %, lo que las vuelve poco prácticas para los cálculos económicos a largo plazo.

Si uno necesita dinero para las próximas cuatro semanas en Argentina, usa el peso. Para los próximos cuatro años, usa el dólar estadounidense.

Y si necesitas dinero para las próximas cuatro décadas, usa Bitcoin.

Así, las monedas débiles sirven como medio de intercambio, y las fuertes (el euro, el dólar estadounidense y el yuan chino) actúan como unidad de cuenta (aunque, por lo general, se trata principalmente del dólar estadounidense y de las monedas vinculadas a él).

CAPITAL

El capital es el dinero que se destina a la conservación de la riqueza a largo plazo. Es una **reserva de valor**.

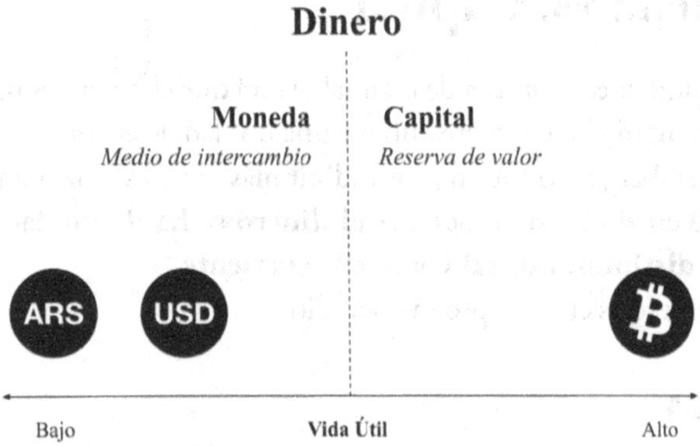

Los seres humanos depositan su capital en activos. Los principales activos de capital son las acciones, los bonos y los bienes inmuebles.

Las acciones públicas, los bonos y los ETF se negocian en los *mercados de capitales*. Los países preocupados por la *fuga de capitales* (la salida permanente de riqueza del país) suelen imponer *controles de capital* para detenerla.

El *costo de capital* es el rendimiento que tu capital debe generar para evitar que te empobrezcas. Al vender un activo de capital, puedes incurrir en una obligación fiscal en forma de una *ganancia de capital*.

Además de la distinción entre dinero y capital, los gobiernos pueden hacer que los activos sean más o menos atractivos mediante leyes y normativas, lo influye en el uso que les damos.

Las leyes y los incentivos moldean hacia dónde fluye el capital, y en qué lo depositamos.

PROPIEDAD VS. MONEDA DE CURSO LEGAL

Todo gobierno en funciones impone su moneda como medio de cambio mediante leyes de curso legal.

Designar algo como **moneda de curso legal** le otorga una enorme ventaja fiscal en el comercio.

En Estados Unidos, el dólar es la moneda de curso legal. Puedo realizar transacciones con él con **alta frecuencia** (millones de veces al mes) sin incurrir en obligaciones fiscales. Mis transacciones son de bajo costo y mi contabilidad es sencilla.

Comparemos esto con la **propiedad** (en otras palabras, una reserva de valor).

Estados Unidos designa como formas de propiedad cosas como el oro, el índice S&P, los edificios, los cuadros de Picasso y el bitcoin.

Esto significa que se genera un hecho imponible cada vez que opero con ellos. Debo calcular el precio de adquisición (lo que pagué por el bien) y el valor que tenía cuando realicé la operación. La diferencia resultante es una ganancia de capital (una obligación fiscal) o una pérdida de capital (un beneficio fiscal).

Por lo tanto, a diferencia de las divisas, con las que puedo operar con alta frecuencia, con los bienes me conviene operar con **baja frecuencia**.

	DINERO		
Función	**Medio de Intercambio**	**Unidad de Cuenta**	**Reserva de valor**
Ejemplos	Moneda Débil (NGN, ARS, TRY)	Moneda Fuerte (USD, EUR, CNY)	Capital (Bienes inmuebles, Acciones, Bonos, Oro, Bitcoins)
Designación Fiscal	Moneda de Curso Legal		Propiedad
Frecuencia Comercial	Alto		Bajo
Vida útil	Muy Bajo	Bajo	Alto

CAPÍTULO OCHO

Inflación

IPC: ÍNDICE SELECCIONADO CUIDADOSAMENTE

Hay un viejo dicho en propaganda: *"no puedes decirle a la gente qué pensar, pero sí en qué pensar"*.

A medida que se imprime más dinero, verás que la inflación no se distribuye de manera equitativa. Por lo tanto, no puede haber una única cifra de inflación.

Cuando los medios y las autoridades hablan de inflación, se refieren al índice de precios al consumidor (IPC), y todo el mundo asiente porque hemos decidido que inflación es igual a ipc. Pero el ipc es una medida arbitraria. Es una canasta de bienes elegida a conveniencia para que sus precios no aumenten. Si convenzo a la gente de que la inflación es del 2 % mientras inflo la oferta monetaria en un 10 %, puedo darle la diferencia (el 8 %) a quien yo quiera.

Todas las pensiones están indexadas al ipc. Eso te lleva a cuestionar muchas cosas. Si la tasa de inflación es incorrecta, quizá el producto interior bruto (PIB) tampoco sea correcto. Todas estas métricas, debatidas por los presentadores de televisión, son artificiales.

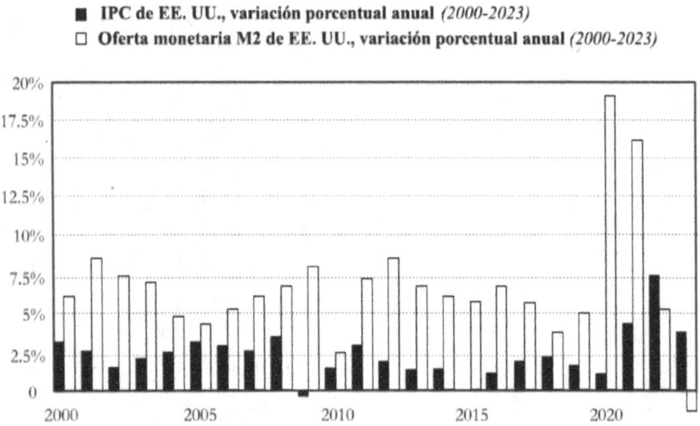

Fuente: banco mundial; junta de gobernadores del sistema de la reserva federal.

La verdadera definición de la inflación es el ritmo al que aumenta el precio de una cesta de bienes, servicios o activos que *tú* quieres adquirir.

¿Quieres una atención médica de calidad? ¿Quieres ir a Harvard o al MIT? ¿Aspiras a tener casa propia?

Al comprar una casa, la pregunta es: "¿dónde quiere vivir?". La tasa de inflación inmobiliaria en mi ciudad natal, Fairborn (Ohio), no es ni de lejos tan alta como en Miami Beach. Resulta que la diferencia se debe a que un lugar es más escaso que el otro. Por lo tanto, no se puede calcular una cifra única para la inflación inmobiliaria en Estados Unidos.

Índice de Precios de la Vivienda para todas las Transacciones

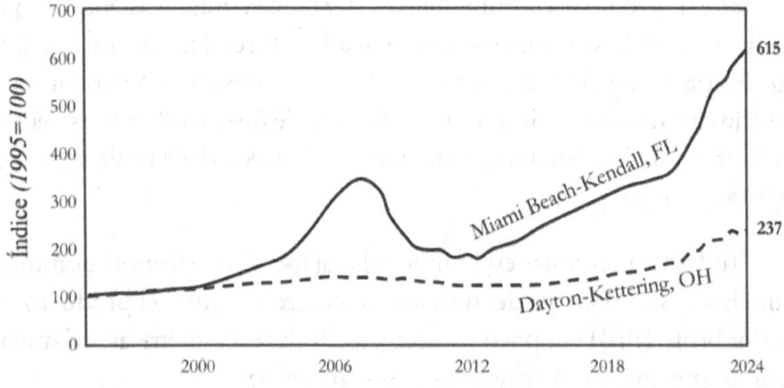

Tengo una buena casa en Miami Beach, construida en los años treinta. Tengo la escritura de la venta original. Su valor pasó de 100.000 dólares a 46 millones en 92 años (un 6,67 % anual). Por eso la gente adinerada compra inmuebles en Manhattan, Tokio o Londres.

Su tasa de inflación depende de su estilo de vida. Si quiero vivir solo en un apartamento de alquiler, mi canasta de consumo se compone de alimentos, energía, alquiler y un coche. Pero si quiero tener una familia y una casa propia, esa canasta cambia. Ahora incluye atención médica familiar, matrículas universitarias, una casa, impuestos a la propiedad, más servicios, electrodomésticos y, tal vez, vacaciones familiares.

¿A qué aspiran los más pudientes? Quieren poseer acciones, bonos y bienes inmuebles comerciales, activos que producen ingresos o dividendos. El índice S&P se ha consolidado como una reserva de valor en Estados Unidos. Una de las métricas más interesantes es la cantidad de horas de trabajo que se necesitan para comprar una acción. Vemos que esa cifra se está disparando. Los salarios no han crecido al mismo ritmo que la tasa de inflación de los activos.

Horas de trabajo necesarias para comprar una acción de S&P 500

(Al salario medio Estadounidense)

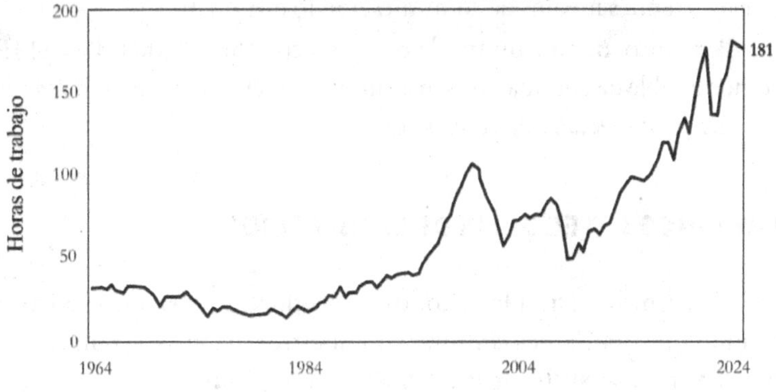

Mientras los medios de comunicación y las autoridades definan la inflación como el IPC (dejando fuera todos los activos escasos y financieros), podrán centrar la atención en una canasta de bienes que son inherentemente deflacionarios. Se limitan a escoger artículos cuyo precio está bajando o que son fabricados por robots e inteligencias artificiales. Nadie incluye en la canasta un título de Harvard o un Picasso. Por lo tanto, no habrá freno alguno a su capacidad para seguir imprimiendo dinero.

Cuando imprimen dinero, lo llaman "acomodación". Así que, en lugar de decir que están *devaluando* el dinero en 120.000 millones de dólares al mes, afirman que proporcionan 120.000 millones de dólares mensuales de *acomodación* para que los mercados funcionen correctamente.

¿Qué es lo que quiere todo el mundo? Trabajar duro y ganar suficiente dinero para no tener que volver a trabajar nunca más. Digamos, una jubilación cómoda a una edad temprana. Antes costaba 2 millones de dólares comprar un bono que rindiera 100.000 dólares al año, sin riesgo y a perpetuidad. Ahora cuesta 20 millones.

Es como el truco mental de los Jedi, en el que te dicen: "Bueno, este no es un activo que te interese. Esto es para los banqueros ricos de Wall Street y los operadores de bonos. No te preocupes por esto".

Si la canasta de consumo se redefiniera para incluir los activos, tendríamos inflación de inmediato y se impondrían límites y contrapesos instantáneos a la capacidad de cualquier banco central o entidad bancaria para devaluar la moneda. Pero se ha adoptado el IPC como indicador de referencia porque nadie quiere someterse a esos límites. Es comprensible que quien dirige un banco central prefiera centrarse en ese indicador, (y que los grandes medios de comunicación lo difundan).

Por tanto, definir un modelo macroeconómico que utilice el IPC como variable de entrada no es más que una elucubración metafísica, cada vez más desconectada de la realidad.

LAS CINCO CATEGORÍAS DE LA INFLACIÓN

Si hacemos un listado de todos los productos, servicios y activos del mundo que podríamos comprar con nuestros ingresos, veremos que se dividen en cuatro categorías estándar y una especial.

La primera categoría son los **productos deflacionarios.** Esto incluye todo aquello que puede desmaterializarse para consumirse en un iPhone, un iPad o una computadora, como videos, música, noticias, libros, mapas e información. También incluye todo lo que se fabrica en grandes cantidades, con un bajo costo variable y un alto costo fijo, como los medicamentos genéricos, los chips informáticos y las materias primas.

La siguiente categoría son los **productos secundarios**, cuya inflación oscila entre el 0 y el 2 % anual. Aquí se incluyen la mano de obra no cualificada, los bienes de consumo de marca, los servicios públicos y los servicios regulados. Mantienen su valor o aumentan ligeramente.

La tercera categoría es de la que nadie habla: los **productos escasos**. Aquí los precios suben entre un 6 % y un 8 % anual. En ella se incluyen artículos de lujo, atención médica prémium, servicios especializados y educación de élite.

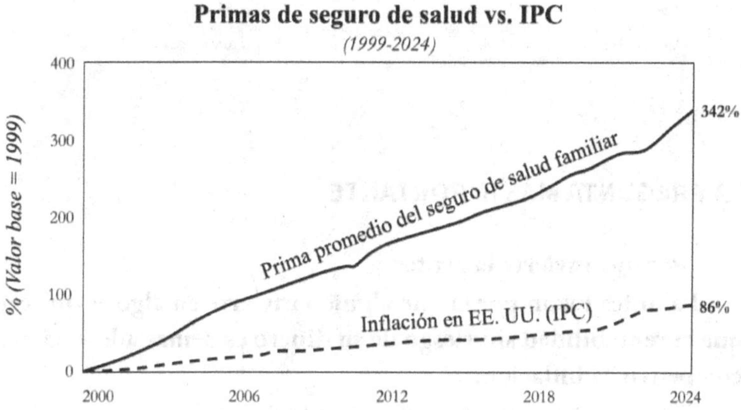

Hace treinta años, la matrícula anual del MIT costaba 9.600 dólares; hoy supera los 60.000, lo que supone un aumento de seis veces (en torno a un 6 % anual).

La cuarta categoría es donde la cosa se pone realmente fea, los **activos escasos**, con una inflación que oscila entre el 8 % y el 24 % anual. En ella se incluyen las acciones, la deuda, los inmuebles de primera categoría, las propiedades de lujo y las obras de arte singulares.

El índice S&P pasó de 1.000 a 3.500 en diez años (2010-2020), lo que supone una rentabilidad aceptable (13,5 % anual). Fíjate en un ático en Nueva York, una casa en los Hamptons o un acre de terreno en primera línea de playa en el sur de Florida: ¡los precios se han disparado!

Y, por supuesto, me queda un último apartado que se está inflando a un ritmo superior al 25 % anual. ¿Quieres adivinar cuál es? Así es... es **Bitcoin**.

Los cinco "cubos" de la inflación

LA PREGUNTA MÁS IMPORTANTE

¿Por qué invierte la gente?

La única razón por la que alguien invierte en algo es que cree que la rentabilidad sin riesgo de su dinero es demasiado baja para compensar la inflación.

Si una moneda no preserva el poder adquisitivo, los actores racionales, corporaciones, inversores o familias, la intercambiarán por activos que funcionen como reserva de valor.

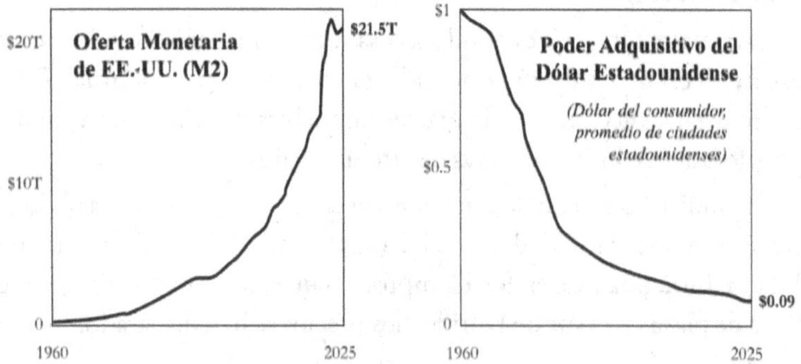

Fuentes: Junta de Gobernadores del Sistema de la Reserva Federal de EE.UU.; Oficina de Estadísticas Laborales de EE. UU.

Hace treinta años, los inversores menos sofisticados habrían colocado su dinero en cuentas de ahorro bancarias que generaban un 5 % de interés anual (una época que terminó cuando la rentabilidad de las cuentas de ahorro cayó a cero). Los inversores moderadamente sofisticados habrían puesto su dinero en fondos de inversión, mientras que los de gran sofisticación habrían elegido las inversiones inmobiliarias, que ofrecían derechos de propiedad reforzados y apalancamiento.

Pero si te dijera que tu dinero se revalorizaría un 10 % al año y supieras que la tasa de inflación sería cero, no invertirías en nada.

Simplemente guardarías tu dinero en un lugar seguro y esperarías a que ganara valor. En ese entorno, la persona corriente *no es* un inversor. Las únicas personas que deberían ser inversores, en teoría, son los profesionales o los capitalistas de riesgo; gente que dedica todo su tiempo a analizar oportunidades para determinar el verdadero valor a largo plazo de los flujos de caja. Pero hoy en día, el mundo está lleno de gente que invierte para preservar su patrimonio a causa de la debilidad de la moneda.

A finales de 2021, tras la pandemia, quedó claro que habíamos monetizado muchos activos diferentes. A medida que los bancos centrales inundaban la economía con moneda de nueva emisión, todo el mundo intentaba encontrar un activo tangible que mantuviera su valor mientras la moneda se devaluaba. Cada cual elegía un activo distinto en función de sus conocimientos y de aquello con lo que se siente más cómodo.

Si la ley de la conservación de la energía es aplicable al dinero, un aumento del 20 % de la oferta monetaria, manteniendo constante la energía total, significa que todos los valores monetarios deben ajustarse en consecuencia. Si estos cambios no se produjeron en los productos deflacionarios, tuvieron que ser *aún mayores* en otros ámbitos.

La pregunta más fundamental que todo inversor se hace hoy en día es: ¿Qué aumento porcentual de la oferta monetaria cree que imprimirá la Reserva Federal?

Variación prevista de la oferta monetaria (M2)

	2025	2026	2027	2028	2029	2030	2031	2032
%								

Si partes de las cifras 0 %, 0 %, 0 %,..., eres un optimista. Y de pronto te encuentras ante mil opciones complicadas.

Pero si partes de las cifras 15 %, 15 %, 15 %,..., sabes que no puedes comprar bonos, no puedes comprar bienes inmuebles y no puedes comprar el 95 % de las acciones. Todos ellos rendirán por debajo de la tasa de emisión monetaria.

Y si partes de las cifras 20 %, 20 %, 20 %,..., tu única opción racional es comprar activos escasos: activos de prestigio, obras de arte singulares, Bitcoin y otros activos sin correlación con los flujos de caja en dinero fíat. Porque, una vez que la inflación alcanza ese nivel, todos los modelos fallan. Todo lo que has aprendido en los últimos 30 años deja de ser relevante.

¿Qué conviene comprar en Argentina si la divisa se desploma?

La respuesta es **nada.**

Si el peso cae frente al dólar estadounidense de 3:1 a 150:1 en diez años, no hay estrategia financiera, gestor de fondos ni estructura de la cartera que funcione.

Lo único que funcionará es financiar por adelantado todos tus flujos de caja, financiar todos tus activos fijos y emitir tantas acciones y deuda sin garantía como puedas en pesos. Luego, lo conviertes todo a dólares y lo depositas en un banco fuera del control del gobierno argentino para que no puedan reconvertirlo a pesos y devaluarlo.

Lo que acabo de describir, en pocas palabras, es la estrategia de comprar Bitcoin. Al convertir tu dinero en Bitcoin y depositarlo en un banco en el ciberespacio, te es indiferente la cantidad de moneda que imprima la Reserva Federal o cualquier otro banco central. De esa forma, has aislado tu riesgo.

> **Michael Saylor**
> @saylor
>
> #Inflation is worse than you think, and #Bitcoin is better than you know.
>
> 5:47 AM · Apr 12, 2022

Traducción: "La #inflación es peor de lo que crees, y #Bitcoin es mejor de lo que imaginas"

CAPÍTULO NUEVE

El modelo ideal de dinero

¿Cuál es el modelo ideal de dinero?

Es un registro que es:

1. **Compartido**: todo el mundo tiene el mismo acceso a él.

2. **Inmutable**: nadie puede alterarlo.

3. **Correcto**: es decir, que es matemáticamente completo y adecuado.

Imagina que un ser divino desciende a la Tierra y crea este sistema perfecto e incorruptible. A continuación, implanta telepáticamente ese registro contable compartido, inmutable y correcto en la mente de cada ser humano. Cada vez que contraes una deuda o un crédito, el registro se actualiza en tiempo real, de modo que nadie puede alterarlo.

Ese es el modelo ideal de dinero: un registro contable compartido, inmutable y correcto.

Con este marco de referencia, podemos empezar a vislumbrar cuál sería la forma perfecta de dinero.

Esto es la esencia de la propiedad: una simple lista de quién posee qué. Esa titularidad se basa en los favores que le has prestado al mercado. A cambio, te has ganado el derecho a reclamar favores del mercado en el futuro.

El dinero es la forma última de propiedad, ya que es la única que puede canjearse por *cualquier* otra forma de propiedad.

PARTE TRES

RIQUEZA

CAPÍTULO DIEZ

La riqueza del mundo

UNA HISTORIA DE DOS ACTIVOS

La riqueza mundial se estima en unos **900 billones de dólares** (y sigue creciendo).

Está distribuida en diversos activos como bienes inmuebles, arte, oro, artículos de colección, acciones, bonos (corporativos y gubernamentales) y divisas.

Pero veámoslo de otra manera: 450 billones de dólares en activos se mantienen por su **utilidad**, y 450 billones por la **preservación de capital** (reserva de valor).

Riqueza global total: ~900 billones de dólares

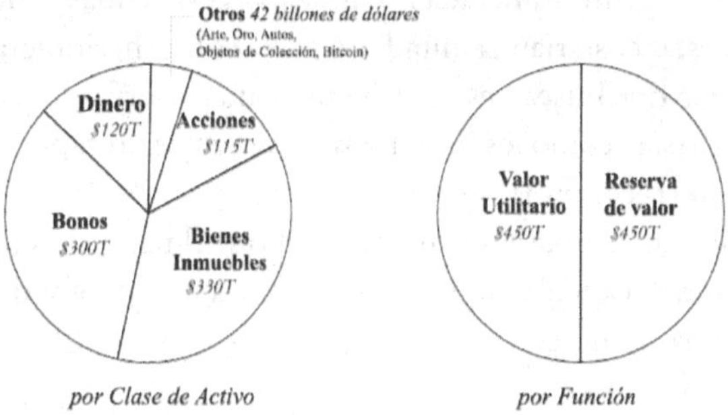

Uno puede tener un bono porque busca una renta fija en una moneda particular, O poseer acciones de Apple por los dividendos, o quizá tener bienes inmuebles para generar flujos de caja. En todos estos casos, se mantienen por su utilidad.

En un mundo sin una forma perfecta de capital, nos vemos obligados a monetizar los bienes inmuebles, las acciones, los bonos, etc., porque necesitamos un lugar donde resguardar nuestro patrimonio. Esto significa que el precio de estos activos es superior al que tendrían en otras circunstancias, ya que cumplen la doble función de utilidad y preservación del capital.

Conozco a personas adineradas que poseen dieciséis propiedades en la costa este de Estados Unidos, pero solo viven en dos. ¿Por qué las compraron? Porque generan grandes ingresos y necesitan algún sitio donde colocarlo. Si la gente adinerada no utilizara las viviendas como depósito de capital, estas costarían la mitad. Lo triste es que ni siquiera *quieren* la casa; lo único que buscan es un vehículo para preservar su patrimonio a largo plazo. Así es como los incentivos perversos de un capital imperfecto distorsionan la economía.

Cuando uno empieza a pensar en cómo se almacenan estos 450 billones de dólares de capital a largo plazo, empieza a ver el motor de la próxima revolución económica.

VIDA ÚTIL DE LOS ACTIVOS

A continuación, una ecuación útil para determinar la vida útil de su dinero en un activo:

$$L = V/M$$

La **vida útil** del dinero invertido en un activo (L) es igual a su **valor** (V) dividido por el costo anual de **mantenimiento** (M).

Se refiere al gasto necesario de cada año para conservar ese activo en condiciones optimas. (evitando su depreciación o deterioro).

ACTIVOS FINANCIEROS

Tanto individuos como empresas recurren a los **activos financieros** (acciones, bonos corporativos, bonos del Estado, divisas, etc.) para preservar su capital.

Si guardas 1.000 millones de dólares en pesos argentinos, con una tasa de inflación del 98 %, perderás alrededor de 750 millones de dólares en dos años. El peso te arrebata tu energía económica; no es un buen activo a largo plazo. Con la lira turca, tu capital puede resistir entre tres y cinco años. En Estados Unidos, la tasa de inflación monetaria promedio del último siglo es del 7 %, lo que implica que el dólar estadounidense conserva su valor durante 14 años. Pero no es que lo mantenga intacto durante ese tiempo, sino que su poder adquisitivo se va extinguiendo poco a poco a lo largo de ese periodo.

¿Qué pasaría si invirtieras tu dinero en un fondo de inversión libre? Te cobrarán una comisión de gestión del 2 % y un 20 % de las ganancias, lo que equivale aproximadamente a un 4 % anual aproximadamente. Eso significa que es un activo con una vida útil de 25 años. Actualmente, los bonos del Tesoro estadounidense te ofrecen un rendimiento después de impuestos de alrededor del 3 %, lo que los convierte en un activo a 30 años. Podrías optar por un fondo mutuo, con una comisión anual del 1 %. Y de hecho eso es de lo mejor que se puede conseguir en el mercado tradicional.

Activos financieros

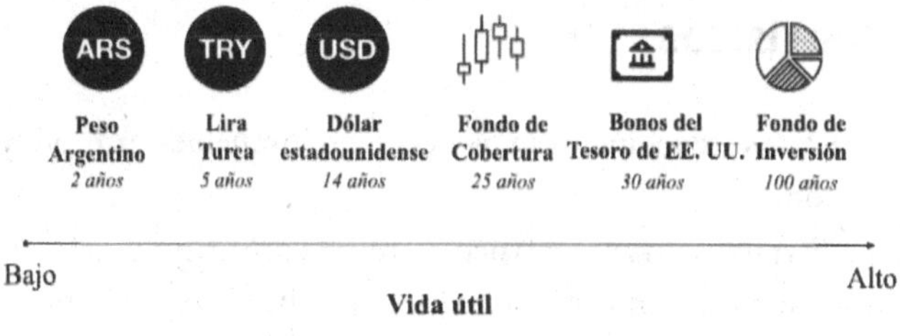

Source: Michael Saylor, 'Bitcoin: The Digital Gold Rush', keynote presentation.
H.C. Wainwright 26th Annual Global Investment Conference, New York City (September 10, 2024).

La inflación diluye el valor de los activos financieros, pero es solo la punta del iceberg. El valor también se ve mermado por aranceles, peajes, litigios, transferencias e impuestos. Pagas impuestos cada vez que mueves o transfieres el activo. Y si los impuestos no acaban contigo y los litigios no te arruinan, tienes los riesgos de los factores climáticos, la competencia, la obsolescencia, la política y las catástrofes, que con el tiempo pueden erosionar el valor de tu capital.

En promedio, los activos financieros duran unos 30 años.

Activos financieros: factores de riesgo

Aranceles	**Impuestos**	**Competencia**
Peajes	**IVA/Ventas**	**Clima**
Responsabilidad civil	**Impuestos especiales**	**Accidente**
Comercio	**Ganancias de capital**	**Guerra y crimen**
Transferencias	**Ingresos**	**Regulación**
Seguro	**Dividendo**	**Obsolescencia**
Almacenamiento	**Herencia**	**Incompetencia**
Márgenes	**Regalo**	**Política**
Licencias	**Propiedad**	**Catástrofe**

Fuente: Michael Saylor, "Bitcoin: The Digital Gold Rush", presentación principal. H.C. Wainwright 26th Annual Global Investment Conference, Nueva York (10 de septiembre de 2024).

Para conservar la energía económica, hay que luchar constantemente contra toda esa fricción. Por eso, la mayoría de la gente desiste de los activos financieros para preservar el capital y, en su lugar, recurre a los **activos físicos**.

ACTIVOS FÍSICOS

Los activos físicos incluyen bienes como inmuebles, arte, oro y objetos de colección.

Una Ferrari es un activo físico, pero no constituye una buena forma de conservar tu patrimonio de manera permanente. En cinco años, ya habrás gastado en seguros, mantenimiento y depreciación una cantidad equivalente a su valor. Con los yates no te irá mucho mejor. Podrías gastar anualmente un 10 % de su precio de compra solo en su funcionamiento, a lo que habría que añadir la depreciación. (**¡No guardes tu dinero en yates!**)

¿Una casa de diez millones de dólares en Miami Beach? Más vale que preveas tener que desembolsar otros diez millones para mantenerla durante los próximos 17 años. La plata conserva tu capital durante 22 años; una nave industrial, entre cuarenta y cincuenta; un lingote de oro, 62; y un cuadro, 72.

¿Y la tierra? El impuesto sobre bienes inmuebles en Estados Unidos es del 1,1 % en promedio. Esto significa que el capital invertido en tus tierras durará 91 años (a menos que el gobierno revise al alza el valor de la propiedad, en cuyo caso durará menos).

El rancho familiar más antiguo de Estados Unidos es el King Ranch. que se ha mantenido durante 173 años. Todas las demás familias del país fracasaron. La propiedad que se ha conservado durante más tiempo es el patrimonio de la Corona británica (*Crown Estate*). Podría decirse que la familia real la ostenta desde 1066, pero pasó de los Plantagenet a los Estuardo, a través de los Lancaster y los York, y finalmente acabó en manos de la casa de Hannover. Quizás hasta siete familias distintas la compartieron; ninguna consiguió llevársela consigo.

Activos físicos

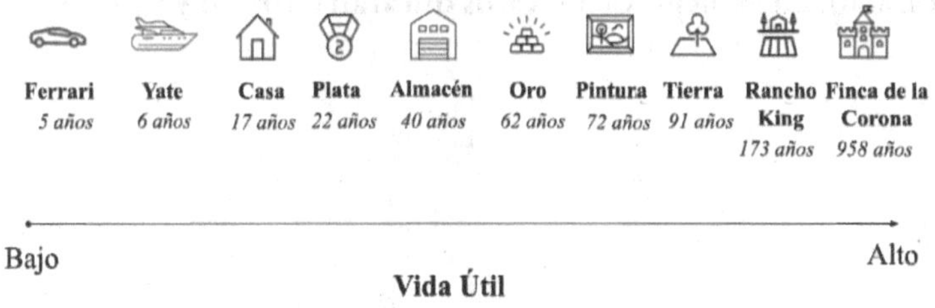

Fuente: Michael Saylor, "Bitcoin: The Digital Gold Rush", keynote presentation. H.C. Wainwright 26th Annual Global Investment Conference, Nueva York (10 de septiembre de 2024).

La entropía le resta energía económica a tus activos físicos. Los políticos también son muy creativos. Han ideado todo tipo de impuestos: municipales, de condado, estatales, federales, de transmisiones patrimoniales y de uso que gravan la propiedad.

Y, por si fuera poco, también está el control de los alquileres, el control de precios o el choque cultural. Si quieres una buena ilustración de por qué es importante tener capital móvil, lee cualquier relato sobre la experiencia de los Warburg y lo que su familia, y todas las familias judías, atravesaron en la Alemania de los años treinta, y lo que los banqueros tuvieron que hacer para sacar el capital del país.

Activos físicos: factores de riesgo

Impuesto municipal	**Competencia**	**Clima**
Impuesto nacional	**Discriminación**	**Guerra**
Impuesto estatal	**Recesión**	**Inundación**
Impuesto federal	**Moneda**	**Descomposición**
Impuesto de transferencia	**Expropiación**	**Accidente**
Impuesto sobre el uso	**Inquilinos**	**Delito**
Control de alquileres	**Tecnología**	**Catástrofe**
Control de precios	**Tráfico**	**Seguro**
Choque cultural	**Responsabilidad civil**	**Energía**

Adaptado de Saylor, Michael. "The Digital Gold Rush," Discurso inaugural, H.C. Wainwright Annual Global Investment Conference (Nueva York), 11 de septiembre de 2024.

Podrías pensar que los activos físicos duran mil años, pero, en realidad, en el mejor de los casos durarán entre 50 y 75 años.

CAPÍTULO ONCE

Oro: Dinero muerto

LA MATERIA PRIMA MENOS MALA

Una materia prima es un activo sin emisor. Es algo que cualquiera puede extraer, perforar o cultivar, en cualquier cantidad, para luego volcarlo en el mercado.

Tener mil millones de dólares en soja durante cien años probablemente no se convertirá en un patrimonio generacional para sus nietos. Las materias primas son inversiones pésimas. El oro es, simplemente, la menos mala.

Pregúnteles a mil multimillonarios: "¿Cuántos de ustedes ganaron mil millones de dólares invirtiendo en oro?". La respuesta es cero.

Pregunte a mil familias ricas: "Ahora que son ricas, ¿piensan comprar mil millones de dólares en oro?". La respuesta es no.

INFLACIÓN DE LA OFERTA

El oro no es un sistema cerrado. O hay inflación por la minería, o alguien inunda su mercado con oro de otro lugar.

Suponiendo que los mineros extraen cada año un 2 % de las existencias de oro, el porcentaje de esas existencias que usted posea se irá diluyendo. Se trata de un 2 % anual en el mejor de los casos. En el peor, la cantidad de oro de una economía se dispara. Pensemos en lo que ocurrió cuando los españoles saquearon los imperios azteca e inca: inundaron Europa con el oro del Nuevo Mundo, lo que provocó un enorme *shock* inflacionario[1].

¿Qué pasaría si quisieras almacenar 100 millones de dólares en oro durante 100 años? Supongamos que lo guardas en una cámara de seguridad de J.P. Morgan, en Nueva York, en el año 1900. Si los productores extraen

[1] La "Revolución de los precios" (de finales del siglo XV a principios del siglo XVII) fue un periodo de inflación sostenida en toda Europa (especialmente en España) debido a la importación masiva de oro y plata de América.

un 2 % más de oro cada año, la vida media de este metal es de 35 años. En ese tiempo tus 100 millones de dólares se habrán reducido a 50. Transcurridos 70 años, la cifra se reduce a 25 millones y, al cabo de un siglo, a unos 13 millones. ¡Has agotado tu reserva de oro en un 87 %!

Y eso suponiendo que:

1. Estados Unidos gane todas las guerras,
2. J.P. Morgan no quiebre, y
3. Nadie lance una bomba sobre Nueva York.

En el mejor de los casos, recuperarías el 13 % de tu dinero.

FRICCIÓN EN EL INTERCAMBIO

Recuerdo haber viajado de Londres a Roma antes de la formación de la Unión Europea. Cada sistema mercantil tenía su propio sistema monetario interno, y cada vez que se cruzaba una red monetaria, un cambiador de moneda se quedaba con el 10 %.

Llegué con dólares estadounidenses y los convertí a libras esterlinas. Después, volé a los Países Bajos y cambié mis libras por florines neerlandeses. Luego fui a Bélgica y convertí los florines en francos belgas. A continuación, atravesé Francia, donde volví a cambiar de moneda, y finalmente llegué a Italia para hacer una última conversión. Al cabo de 72 horas, me quedaba la *mitad* del dinero con el que había empezado. La analogía con la energía ayuda a entender este fenómeno. Cada vez que se transforma la energía (por ejemplo, de térmica a cinética), se produce una pérdida. En resumen, **el comercio de alta frecuencia entre distintas divisas tiene un elevado costo energético.**

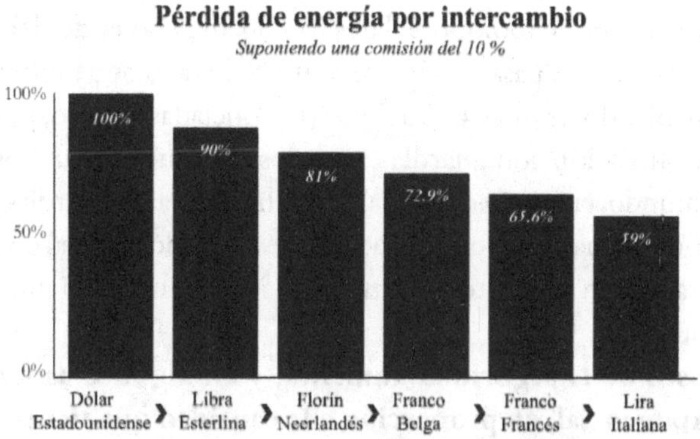

AUTENTIFICACIÓN E HIPOTECACIÓN

La idea de la acuñación de moneda se basa en el dinero metálico, y la máxima expresión de este es el oro. La acuñación de monedas fue un intento de hacer que la autentificación fuera evidente. Isaac Newton trabajó en el problema de cómo crear una buena moneda. **De toda la gente que conozco, nadie ha verificado jamás la autenticidad de una moneda de oro;** es demasiado complejo y costoso. Y, si no se puede verificar su autenticidad, alguien envilecerá o falsificará la moneda, lo que socava la parte *común* y *correcta* del libro mayor.

La historia nos cuenta que los lidios y los romanos envilecieron su moneda, lo que acabó provocando el colapso de sus respectivos imperios. La alternativa es mentir sobre la cantidad o la existencia de oro en la bóveda y, al mismo tiempo, emitir certificados en papel. Como resultado, a lo largo del tiempo surgieron miles de sistemas de acuñación diferentes, y todos ellos se encontraron con serios problemas.

TRANSPORTE Y SEGURIDAD

El oro es un bien físico, lo que conlleva el riesgo de robo y confiscación. Las pequeñas cantidades son imposibles de proteger, mientras que las grandes son costosas de custodiar.

Mover 100 millones de dólares en oro a 100 millas de distancia probablemente te cueste 100.000 dólares (0,1 %), dependiendo del nivel de seguridad. Pero, ¿qué pasaría si quisieras moverlos a 10.000 millas? Bueno, estamos hablando de unas 3.000 libras (1,5 toneladas) de oro, por lo que necesitarás un avión con guardias armados. Un vuelo de 18 horas para cruzar el mundo, cuesta 10.000 dólares por hora para los guardias y 4.000 para el jet, eso suma 180.000 y 72.000 dólares, dejando un total de 252.000. Ahora estamos en 25 puntos de base (0,25 %) para moverlo una vez por todo el mundo.

El costo de la seguridad aumenta, y en algunos aspectos, de forma exponencial, en proporción a la cantidad que tienes.

DISTRIBUCIÓN

¿Cómo se distribuye algo que es difícil de trasladar y de autenticar, y sumamente fácil de confiscar? Y con "distribuir" me refiero a ¿cómo se lo entregas a mil millones de personas?

En la práctica, si hoy se distribuyeran monedas de oro por valor de 1.000 dólares a mil millones de personas, habría un sobreprecio o una rebaja del 35 % en cada transacción. Pagarías 90 dólares por oro valorado en 60 dólares y, con suerte, lo venderías por 40 dólares. El costo de la transferencia sería exorbitante. Y si esas ocho mil millones de personas quisieran moverlo a diario, los costos de seguridad consumirían toda la energía que produce la humanidad.

VELOCIDAD

Intenta calcular el costo de trasladar 100 millones de dólares en oro a 1.000 millas de distancia, todos los días durante 365 días consecutivos. La conclusión es que **el oro es demasiado pesado y, por tanto, carece de velocidad.**

Se guarda en Fort Knox, permanece ahí durante 30 años y nadie lo audita. En esas circunstancias, casi podrías engañarte y pensar que está seguro. Pero eso es solo porque está estancado.

DIVISIBILIDAD

Una moneda de oro de una onza no es divisible. Por eso, los sistemas monetarios solían estar compuestos por monedas de oro, plata y cobre que representaban tres denominaciones: mil, diez y uno. El inconveniente es que, una vez que se crea un sistema monetario y las monedas empiezan a circular, el comercio se limita a las monedas que uno posee. Los precios no terminan de funcionar porque nunca se tiene la combinación exacta de monedas para el cambio. Así que aparecen todos estos cambiamonedas, lo que añade fricción. Y, si la gente pierde los tokens, su dinero se esfuma.

El oro era la mejor forma de energía "tokenizada" de la Edad del Bronce. Pero, para la Edad Media, ya estaba claro que iba a ser sustituido por algún tipo de sistema fiduciario, de cheques o de registro en papel debido a estos defectos.

UNA INVITACIÓN AL CONFLICTO

El oro no solo es caro, lento y difícil de mover; ¡también es *peligroso*!

Tras el bombardeo de una ciudad, la gente y el ganado mueren, la comida y el agua desaparecen, pero el oro sigue ahí.

Por eso, ante la duda, primero se bombardea y después se rebusca entre las ruinas. Ese es el problema fundamental del oro: siempre ha sido una invitación a la guerra, la delincuencia y la violencia.

En la antigua Grecia, una ciudad invadía a otra para quedarse con su oro, fundirlo y acuñar nuevas monedas. Podría darles mil relatos históricos de "saqueamos la ciudad, la reducimos a cenizas y nos llevamos el oro". Nunca se oye que un país invasor mate a todo el mundo para quedarse con su papel moneda. Lo último que uno querría es llevar encima dinero inmutable cuando alguien tiene un incentivo para matarlo y arrebatárselo.

RIESGO DE CONTRAPARTE

¿Dónde guardarías el oro? ¿Lo enterrarías debajo del colchón? Probablemente no. Tiene que confiar en una contraparte para que cuide de su oro. Cuando lo deposita en la cámara de seguridad de un banco, le ha entregado su energía monetaria a ese banco. Y todos los bancos quiebran.

En el 95 % de las ciudades del mundo, los bancos han quebrado en los últimos cien años. Pero los países y los regímenes también pueden caer.

Así que, si los delincuentes no le quitan el oro, lo hacen las contrapartes. Y si las contrapartes no se lo quitan, entonces lo hace su gobierno. Y si su gobierno no se lo quita, lo hace un gobierno extranjero hostil. En definitiva, el oro tiene derechos de propiedad imperfectos debido a su naturaleza física. **Estás confiando en una contraparte, una empresa y un país.**

Por otro lado, si compras Bitcoin, tienes la opción (no la obligación) de custodiar esas claves. Y eso resulta ventajoso por dos motivos. En primer lugar, puedes cambiar de custodio rápidamente. En menos de una hora, puedes trasladar tu dinero de un banco a otro o de un país a otro. Esto obliga a todo el mundo a ser honesto. Y, en un mundo capitalista, es útil tener opciones para que nadie te tenga acorralado. En segundo lugar, alguien puede ponerle una pistola en la cabeza, matarte y quitarte el oro. Pero no puede quitarte tus Bitcoins. Y en esto reside una sutileza muy importante: a fin de cuentas, usted tienes el control. Le devuelve el poder al individuo frente a la empresa, el custodio, el país o cualquiera que quiera hacerle daño. Es una cuestión de dignidad y soberanía individual.

EL MITO DEL PATRÓN ORO

Tenemos la idea de que en los "buenos viejos tiempos", regia un patrón oro, pero no esta claro que no fuera sustituido hace ya 2.000 años. Los sumerios utilizaban tablillas de arcilla. En ellas llevaban sus libros de contabilidad, entonces, ¿no es posible que hace miles de años ya existieran sistemas de cheques, gestionados de forma privada por los bancos? Lo más probable es que los comerciantes llevaran siempre su propio libro mayor, y que sus clientes tuvieran una línea de crédito con ellos.

Tableta protocuneiforme con impresiones de sellos: cuenta administrativa de la distribución de cebada. Sumerio. Aproximadamente 3100-2900 a.C. Fuente: The Metropolitan Museum of Art, donación de Raymond and Beverly Sackler, # 1988.433.1.

Si navegas en un barco durante meses, el capitán controla todos los suministros.Si quieres cigarrillos o alcohol, lo cargan a tu cuenta. Cuando termina el viaje, se descuentan de tu salario. Esto se ha hecho desde que el hombre navega.

Lo que existe es el mito del patrón oro. **Nunca hubo una época en la que *todo* el dinero fuera oro.** Lo que sí existió fue una época en la que el principal activo para conservar valor a largo plazo era el oro. Siempre hemos tenido un sistema dual de activo y circulante. El activo era el oro y el circulante era el cheque; en esencia, un sistema de cuentas corrientes gestionado por una contraparte central (lo que hoy llamamos bancos).

AUGE DE LAS CIUDADES-ESTADO

Si el crédito solo puede obtenerse del comerciante local, el comercio también será local. **Solo puede crearse una red que se expanda unas 10 o 20 millas a la redonda.** Más allá de esa distancia, la confianza se desvanece. La consecuencia es la *ciudad-estado*. Así surge la Italia del Renacimiento, con un centenar de ciudades-estado diferentes, cada una con su propio sistema de confianza (libros contables y acuñación de moneda). **Al no existir un dinero universal, resulta imposible que surja el Estado-nación bajo un patrón oro.**

La historia nos muestra la evolución del dinero como tecnología. Quien dispone de una mejor forma de dinero, tiene una mejor economía. Volvemos a la cuestión de si el dinero es *compartido, inmutable* y *fidedigno*. Cuanto más compartido sea, mayor será la economía. Cuanto más inmutable sea, mayor será la integridad de la economía. Cuanto más fidedigno sea, más eficiente y eficaz será la economía. Cuanto más rápido se actualice la red, más dinámica será la economía.

SIN PROTOCOLO DE APLICACIÓN

El oro fracasa en la teoría porque su protocolo, es decir, la minería de oro, no es conservador. Los lingotes y las monedas de oro constituyen su capa base. Pero ¿a cuántas personas conoce que puedan refinar o fundir oro para crear algo con él? Las aplicaciones del oro están limitadas por las leyes de la física. En otras palabras: no tiene un protocolo de aplicación. Si quiero hacer algo con el oro por encima de la capa base, como por ejemplo crear el equivalente a un cheque de oro, me encuentro con el mismo problema que con la moneda *fíat*. Se convierte en un patrón *fíat* con algún tipo de reserva de oro. **La razón principal por la que el oro fracasa es que no existe un buen protocolo de aplicación.**

CONCLUSIÓN

Hace dos mil años es casi seguro que ya existían libros de contabilidad compartidos que utilizaban el oro como método de liquidación final. Sabemos que este sistema fracasó en distintas ocasiones y que el oro fue envilecido. Roma fue el mayor imperio sobre la faz de la tierra, y colapsó cuando su red de liquidación final fracasó. Hubo una sucesión interminable de imperios, generación tras generación, que surgieron con un nuevo patrón oro. Luego, el sucesor envilecía la moneda y el imperio colapsaba. Llegaba otro imperio y el ciclo volvía a empezar. **El oro era la mejor idea que teníamos en aquel entonces.** Y, sin embargo, el mito del oro como dinero inmutable o *la* reserva de valor soberana perduró durante miles de años, hasta bien entrado el siglo XX.

Quien buscara una reserva de valor no soberana entre 1971 y 2009, podría haber utilizado el oro. También podría haber recurrido a bienes como la tierra, las materias primas, los derechos sobre el petróleo o el arte. No hay una única respuesta correcta. El mercado libre fluctuó entre varias opciones, pero **el oro murió como reserva de valor cuando nació Bitcoin.** No es lo suficientemente rápido, inteligente ni fuerte para competir. Sin embargo, todo lo que vive en un mundo darwiniano *tiene* que ser más rápido, más inteligente, más fuerte y más adaptable. La belleza de Bitcoin es que cualquier persona o país puede poner su dinero en el ciberespacio sin que nadie pueda menoscabarlo ni robarlo. En ese caso, no tiene sentido invadir un país si no hay nada que llevarse.

Si le quitamos al oro todas sus imperfecciones, el resultado es Bitcoin. Sin embargo, incluso decir que Bitcoin es muy superior al oro es quedarse corto.

CAPÍTULO DOCE

Los 18 defectos de los bienes inmuebles

Si usted pertenecía a una familia adinerada del siglo XX y no amasó su fortuna en el sector tecnológico, lo más probable es que la hubiera hecho en el sector inmobiliario. Seguramente compró una propiedad comercial muy codiciada en Londres, París o Nueva York.

Los bienes inmuebles tienen un valor utilitario para la persona que los ocupa, y esto se aplica tanto si el usuario es un consumidor como si es una empresa. La parte del precio del inmueble que excede este valor de uso es la *prima monetaria*. Una parte importante de los inmuebles comerciales conlleva una prima monetaria. Esto se observa en las muchas personas que, teniendo un exceso de liquidez, prefieren no conservarlo como tal y, en su lugar, se sienten impulsadas a adquirir propiedades de inversión.

Prima monetaria

Es habitual oír frases como: "Compré una segunda casa para alquilarla", "me asocié con unos amigos para comprar un local comercial" o "invierto en bienes raíces porque ahí es donde quiero guardar mi dinero". Sin embargo, **en un entorno de dinero fuerte, el ciudadano común no es un inversionista.** En teoría, las únicas personas que realmente deberían ser inversionistas son los profesionales o los capitalistas de riesgo que han dedicado todo su tiempo a analizar oportunidades y a determinar el verdadero valor a largo plazo de los flujos de caja. Aun así, el mundo está lleno de individuos que realiza inversiones con el simple fin de preservar su patrimonio.

¿Cómo podría Bitcoin desmonetizar los bienes inmuebles?

Bueno, partamos de los principios fundamentales y preguntémonos: "¿Qué es la propiedad?". Podemos llegar a la propiedad pura ya sea eliminando todos los defectos de un bien inmueble o empezando desde cero. Pero empecemos con un bien inmueble y despojémoslo de todos sus defectos.

Supongamos que tienes un inmueble comercial. Es un almacén de 2 millones de dólares o ₿20 (a julio de 2025). Y resulta que saco un genio de una botella. El genio me dice: "Michael, te concederé 18 deseos". Así que empiezo a usarlos para corregir los defectos de mi almacén.

1. INMORTAL

Un almacén tiene una vida útil finita. No va a durar cien años, y mucho menos mil. Con el tiempo, se oxidará y acabará derrumbándose. Así que le pregunto al genio: "¿Por qué no haces que el edificio sea inmortal para que dure para siempre?". ¿Y cómo se lograría eso? Lo creas a partir de energía pura. Las estrellas duran miles de millones de años; hazlo del mismo material.

2. INDESTRUCTIBLE

Los edificios son propensos a dañarse. Si hay un huracán, un terremoto o si alguien estrella un camión contra ellos, pueden resultar afectados. Así que le pido al genio que lo haga indestructible. Ahora da igual que le caiga un rayo o que se estrelle un vehículo contra él; no le pasará nada. Recordemos que el edificio valía 2 millones de dólares. Ahora bien, ¿un edificio indestructible e inmortal vale más, o vale menos? Por lo general, un edificio que durará para siempre y que no se puede destruir es más valioso.

3. SIN GASTOS DE MANTENIMIENTO

Los edificios requieren mantenimiento, que a menudo suponen un gasto de entre el 1 y el 3 % anual. Si tengo un edificio de acero, tengo que pintarlo una y otra vez para evitar que se oxide. Ese mantenimiento ya no sería necesario si el edificio es indestructible. El seguro también constituye una forma de gasto de mantenimiento. Pues bien, si el edificio es indestructible, ya no hace falta un seguro. Por lo tanto, sin gastos de mantenimiento, mi edificio resulta todavía más valioso.

4. SIN IMPUESTOS SOBRE LA PROPIEDAD

En Florida, el impuesto inmobiliario sobre un edificio residencial es del 2 % anual. Mi edificio valorado en 2 millones de dólares me cuesta 40.000 dólares al año solo por conservarlo. Así que le pido al genio que elimine el impuesto inmobiliario. ¿Y cómo lo logramos? Lo trasladamos a un lugar que no pertenezca a ninguna ciudad, estado o país. Lo llevamos al ciberespacio. En el ciberespacio no se pagan impuestos inmobiliarios. Ahora tengo un edificio indestructible, inmortal, que no requiere mantenimiento y por el que no pago impuestos. Su valor no deja de aumentar.

5. TELETRANSPORTABLE

¿Qué le resta valor a un edificio? La limitación de a quién se lo puedes alquilar. Supongamos que el edificio está en California, pero todos los clientes potenciales se encuentran en Nueva York. Entonces, pido el deseo de que se teletransporte a Nueva York. Luego, quiero que el edificio esté en Tokio durante los Juegos Olímpicos. El genio ha hecho que mi edificio pueda teletransportarse instantáneamente a cualquier lugar. Acabo de incrementar un poco más el valor de la propiedad.

6. OPTIMIZACIÓN JURISDICCIONAL

El problema de los bienes inmuebles es que *debes* convertirte en un actor político; de lo contrario, otro actor político acabará por arrebatártelo. Y no hay término medio. En el momento en que dejes de ser políticamente capaz de defender tu propiedad, quizá tus hijos o nietos no tengan la misma astucia política que tú, y entonces el condado, la ciudad o el estado podrían simplemente aumentar los impuestos y expropiarte el terreno.

Las distintas jurisdicciones imponen diferentes restricciones, así que quiero que la propiedad sea inmune a las restricciones locales. Cualquier cosa física, por definición, puede verse afectada, en cambio, todo lo que esté en el ciberespacio tiene muchas más posibilidades de evitarlo, con solo moverlo. La idea de la teletransportación no solo se refiere al espacio, sino también a trasladar la propiedad entre distintas jurisdicciones.

Las 4 Dimensiones de la Propiedad

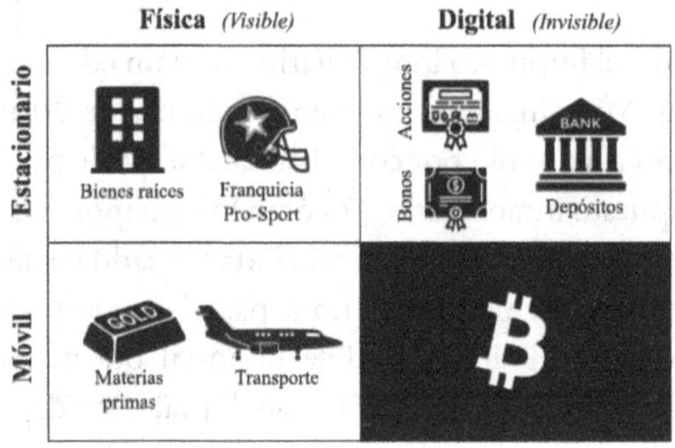

7. ALQUILER CON CUALQUIER FRECUENCIA

Por lo general, un edificio solo se puede alquilar por años o décadas. Pero, ¿y si alguien estuviera dispuesto a pagar 100.000 dólares al día durante solo tres días para el Gran Premio de Mónaco? Ese es un ejemplo de un momento de demanda infinita en el que la gente pagará diez veces más. Así que le ordeno al genio que me permita alquilarlo con cualquier frecuencia. Eso incrementa el valor de la propiedad inmobiliaria.

8. SUBDIVISIBLE

Supongamos que alguien llega y me ofrece el cuádruple del alquiler, pero solo quiere una cuarta parte de la superficie. En ese caso, me interesaría poder subdividir la propiedad. Querría dividir el edificio en cuatro partes, enviarlas a cuatro ciudades distintas y alquilárselas al mejor postor. La capacidad de subdividir y recombinar la propiedad a voluntad aumenta su valor. Lo que se logra es transformar el edificio, día a día y lugar por lugar, para maximizar la renta.

9. TRANSFORMACIÓN

Un almacén no es fácil de reconfigurar. La idea de un edificio flexible resulta mucho más atractiva. El genio de la lámpara me concede un deseo y me permite transformar el edificio al instante y a voluntad en una escuela, un estadio deportivo, un hotel o incluso un buque portacontenedores. ¿Y si alguien necesitara con urgencia un buque para transportar gas natural? Mi propiedad sería mucho más valiosa si pudiera adoptar otra *forma*.

10. DERECHOS DE EDIFICACIÓN

Otra cualidad que se busca en cualquier propiedad es la posibilidad de mejorarla con el tiempo. Si soy el propietario de un estacionamiento, puede que valga un millón de dólares. Pero, ¿y si pudiera construir un edificio de mil plantas en esa misma parcela? ¡Mis derechos de edificación pasarían a valer una fortuna!

En Nueva York, es habitual que los propietarios de estacionamientos que venden sus derechos de vuelo, es decir, el derecho de construir en vertical sobre una propiedad, a un hotel o a un edificio de oficinas contiguo. Dichos derechos de vuelo pueden valer 20 millones de dólares, pero el estacionamiento jamás generará esa cantidad. Así pues, mi propiedad sería mucho más valiosa si yo tuviera el derecho a edificar en ella. ¿Quién controla ese derecho? Podría ser su barrio, su ciudad o su estado. Pero si tuviera una propiedad en el ciberespacio, no habría limites a mi capacidad para construcción.

11. DERECHOS DE PROPIEDAD TRANSFERIBLES

Usted podría decir: "Un momento, Michael. ¿Qué sentido tiene vender los derechos para construir un edificio de mil plantas si el más alto del mundo solo tiene 163?". Yo le respondería que ese es el edificio más alto de *este* siglo, pero ¿y el que viene? ¿Qué ocurrirá cuando dispongamos de acero de adamantio o alguna nueva técnica de construcción? ¿De verdad cree que el edificio más alto que existe hoy en día seguirá siéndolo para siempre? Hace apenas doscientos años, el edificio más alto tenía seis plantas en prácticamente todo el mundo.

Por eso, quiero tener la posibilidad de seguir mejorando mi propiedad o de vender los derechos. ¿Tienen valor esos derechos de propiedad? Bueno, pregúnteselo a los dueños del catálogo musical de los Beatles. Los derechos de propiedad intelectual aumentan de valor con el tiempo, y lo mismo ocurrirá con estos otros. ¿Cuánta gente ha conseguido vender sus derechos de propiedad inmobiliaria? Muy pocos, porque casi nunca los hemos concebido de esa manera.

12. ACTUALIZABLE DIGITALMENTE

En el mundo fisico, los bienes inmuebles se mejoran con tractores, máquinas, acero y electricidad. Pero ¿qué ocurriría si pudiera mejorar mi propiedad usando chips informáticos? La eficiencia de un chip, por ejemplo, se ha multiplicado por un millón en los últimos 20 años. En cambio, la eficiencia de las grúas de construcción no ha avanzado a un ritmo comparable. Es evidente, entonces, que trasladar el desarrollo del ámbito físico al computacional incrementa exponencialmente el valor de la propiedad.

13. INVISIBLE Y PRIVADO

Imaginemos que existiera un edificio indestructible y reluciente de 100 pisos en medio de una ciudad, ¿no cree que sus habitantes empezarían a sentir resentimiento hacia su dueño? Yo no querría poseer una propiedad perfecta en medio de un lugar lleno de individuos malintencionados. Preferiría que estuviera en medio de la Vía Láctea, a mil millones de años luz de distancia, donde nadie pueda verla y a nadie le moleste que la tenga.

Entonces el genio me dice: "Tengo una idea: Haré que tu propiedad sea invisible para quienes quieran hacerte daño". Eso es la **privacidad**: tener una propiedad que es visible y accesible para amigos y familiares, pero invisible e inaccesible para delincuentes, competidores o funcionarios corruptos.

14. CERO COSTOS DE TRANSACCIÓN

Comprar o vender una propiedad inmobiliaria residencial implica un costo aproximado del 6 % al adquirirla y otro 6 % al venderla. Adquirir una propiedad de 2 millones de dólares genera gastos de transacción de 120.000 dólares en la compra y otros 120.000 en la venta. Así que le pido al genio que elimine esas comisiones opresivas y permita transferir la propiedad a costo cero. Con Bitcoin, puedes transferir valor *on-chain* o a través de la red Lightning con comisiones que oscilan entre más de 1 y hasta 10 puntos básicos. No existe un cártel que controle las tarifas.

15. INCONFISCABLE

Si tienes una granja en las afueras de una ciudad y esa ciudad quiere construir un aeropuerto, pueden expropiártela por causa de utilidad pública. La comprarán al precio que ellos determinen y, si no aceptas la oferta, bastará con que aprueben una ley y quitártela. En tiempos de guerra, pueden arrebatártela sin compensación alguna, alegando que es por el bien público. Y en tiempos de paz, te la quitarán por el motivo que se les antoje: un aeropuerto, una carretera o, quizá, simplemente te la quiten porque profesas la religión equivocada o has dicho lo que no debías.

Entonces, ¿cómo resuelve el genio este problema? ¿Cómo se logra que la propiedad sea inmune a la confiscación? La respuesta es sencilla, si guardas el título de propiedad en tu mente, y no en un soporte físico o institucional, se vuelve inconfiscable. Aunque que hayan superado tus otras defensas, aún conservarías la opción de mantenerla. No puede ser incautada.

16. HIPOTECA EN CUALQUIER LUGAR, A CUALQUIER PLAZO

Antes hablé de la posibilidad de alquilar mi edificio con cualquier frecuencia, pero hay otro derecho fundamental vinculado a la propiedad: la **hipoteca,** es decir, la capacidad de pedir un préstamo poniendo el inmueble como garantía. Si tengo un edificio en Atlanta, puedo hipotecarlo en bancos autorizados a operar en Atlanta o en el estado de Georgia. Sin embargo, si alguien me ofrece una hipoteca más barata, pero opera en otro país, no puedo aceptarla porque el edificio no es trasladable. Así que, cuando la propiedad se vuelve teletransportable, es posible hipotecarla a cualquiera, en cualquier lugar. En ese caso, Cualquier banco podría ser la contraparte.

Las hipotecas suelen tener plazos estándar de 10 o 30 años. Pero ¿qué ocurriría si pudiera hipotecar la propiedad con cualquier frecuencia? ¿Y si solo quisiera pedir un préstamo para los próximos 30 segundos? Pongamos un ejemplo del mundo real: quiero obtener un préstamo sobre mi propiedad y, cada mes, alguien me hace una oferta mejor. Así que un mes la hipoteco a un banco de Singapur, al mes siguiente a un banco de Londres, el tercer mes a un banco de Atlanta y el cuarto mes a un tipo de empresa totalmente distinto. Es una propiedad muy flexible y, en esencia, reduce el costo de mi capital del mismo modo que, al alquilarla con cualquier frecuencia, aumento el rendimiento de mi activo, y eso mejora el negocio.

17. DENSIDAD ECONÓMICA INFINITA

Le pido al genio que me permita guardar todo mi edificio en la palma de la mano: **la estrella colapsada del dinero**, en este caso. Con una densidad económica infinita, ya no necesito gestionar físicamente toda la manzana que ocupa mi edificio. Esa densidad infinita no solo es más cómoda, sino que también me otorga una flexibilidad mucho mayor.

18. OFERTA CON UN TOPE FIJO

La gente repite como loros el eslogan: "¡*Ya no se crea más tierra*!". La verdad es que ***sí*** se está creando más tierra. En los últimos 300 años, se ha creado la mitad de Boston. Vivo en Miami Beach; tres cuartas partes de la ciudad se crearon en los últimos 100 años. Todo es artificial, todo fue dragado. En Ámsterdam y Róterdam le ganaron terreno al mar. En Dubái siguen fabricando islas. Con suficiente dinero, se puede crear tierra. Te *sorprendería* la cantidad de tierra que puede generarse. La mayoría de la gente nunca se detiene a pensar en esto. Por eso, como último deseo, me gustaría tener la garantía de que nadie pueda vender jamás más de **21 millones de bloques de esta propiedad perfecta en el universo.**

Si realmente lográramos que el universo entero se pusiera de acuerdo en que nunca habrá más de 21 millones de bloques de propiedad perfecta, eso ya sería la frutilla del postre. Es lo que le sucede al valor de las propiedades cuando el ayuntamiento aprueba una ley que prohíbe para siempre cualquier nueva construcción inmobiliaria o que restringe la edificación a un máximo de diez plantas dentro del término municipal. Cuando se restringe la construcción de nuevas propiedades, el valor de todas las propiedades existentes en la ciudad se dispara. En este caso, estaríamos hablando de poner un *límite estricto a la propiedad digital en el universo para siempre*.

CONCLUSIÓN

Lo que he demostrado con estos 18 deseos son los innumerables defectos que arrastra la propiedad física.

El capital físico no es una solución sencilla.

Si tengo 2 millones de dólares para invertir, ¿qué quiero poseer: una nave industrial en cualquier ciudad del mundo o Bitcoin? No hace falta ser un genio para entenderlo. Cuando compras la nave industrial de 2 millones de dólares, te casas con la junta de urbanismo del barrio, te casas con la ciudad, te casas con la provincia, te casas con el estado y, para toda la vida, con el país. Y si todavía crees que todo eso será estable para siempre, no olvides que siempre existe la amenaza de la fuerza mayor.

El sector inmobiliario comercial fue una excelente manera de preservar el capital en el siglo XX, pero en el XXI se a vuelto obsoleto. Pierde relevancia a medida que el gobierno y la sociedad que rodea a la propiedad se degradan. A nadie le gustaría poseer el edificio más bonito de un país cuyo gobierno y moneda se hunden. Fíjate en lo que les pasó a los hoteles de lujo en Cuba con el ascenso de Fidel Castro al poder. El sector alcanzó su apogeo en 1960. Después, durante los 60 años siguientes, todas esas propiedades se fueron deteriorando. Toda la belleza o el valor que pudieran tener ha desaparecido, porque es imposible mantenerlos sin solucionar los demás problemas económicos.

Con Bitcoin ocurre todo lo contrario. Mientras que el sector inmobiliario comercial alcanzó su apogeo en distintos momentos y lugares durante el ultimo siglo, Bitcoin apenas está empezando a desplegar todo su potencial. Cada vez que se lanza una nueva cartera de Lightning, Bitcoin se fortalece. Cada vez que se conecta un nuevo minero, Bitcoin mejora. Y cada vez que se establece una nueva directriz regulatoria, Bitcoin se adapta y se vuelve más robusto. Bitcoin no deja de mejorar como activo. El sector inmobiliario no deja de deteriorarse como activo. Volviendo a la pregunta, ¿cómo se desmonetiza esto? La única razón por la que el inversor particular todavía no ha empezado a pasar sus ahorros del sector inmobiliario comercial a Bitcoin es simplemente porque aún no lo comprenden.

No entiendes los defectos de tu propiedad física hasta que ves una propiedad digital perfecta. La educación hará que la gente desmonetice sus bienes inmuebles y los traslade gradualmente a Bitcoin.

CAPÍTULO TRECE

Los 24 riesgos de las acciones

Una acción es una participación en la propiedad de una empresa. Algunos inversores adquieren acciones para obtener flujos de caja, y otros como reserva de valor. Si alguien posee acciones únicamente como reserva de valor a largo plazo, estas compiten directamente con Bitcoin. Antes de destinar su capital a acciones en lugar de a Bitcoin, debe comprender con claridad las diferencias entre ambos activos.

Como empresa, eres una entidad económica, y todo en el mundo intenta acabar contigo. Debes comprender los riesgos a los que te enfrentas. Para ello, empieza por leer los informes (formularios 10-K) de las sociedades que cotizan en bolsa, que contienen páginas y páginas de factores de riesgo. Este ejercicio responde a la pregunta del inversor: **¿Qué podría salir mal si inviertes un dólar en esta empresa?**

He sido directivo de una sociedad cotizada desde 1998 (la salida a bolsa de Strategy). Por lo tanto, llevo estudiando los folletos informativos de estas empresas y el riesgo empresarial en general probablemente desde 1996. Si tuviera que catalogarlos, señalaría que existen 24 riesgos clave.

1. RIESGO DE GOBERNANZA

Invertir implica confiar en que la junta directiva y el equipo directivo ejerzan un gobierno corporativo adecuado. Las empresas dependen de los seres humanos, y, en última instancia, **la acción humana constituye la fuente de la mayoría de los problemas.** Las acciones de mayor éxito son las que logran ejecutar una estrategia empresarial con la mínima dependencia posible del factor humano. Cuantas más personas haya involucradas y más decisiones haya que tomar, mayor será el riesgo.

2. RIESGO OPERATIVO

Todas las empresas hacen algo, ya sea servir comida, enviar productos, volar aviones o dirigir una fábrica. El hecho de que hagan *algo* es operativo. Si no se opera correctamente el avión, el restaurante o la refinería de acero, los accionistas se ven afectados. Además, dicha operación, puede verse afectada por una **volatilidad inesperada del entorno**.

3. RIESGO ESTRATÉGICO

A lo largo de mi carrera, **todos mis competidores quebraron como resultado de una serie de adquisiciones dilutivas desacertadas**. Eran empresas débiles y al borde del colapso que compraban otras empresas en la misma situación para aplazar su propia desaparición. El resultado fue justamente el contrario: aceleraron su caída y deterioraron aún más la calidad de su producto.

4. RIESGO FINANCIERO

Toda empresa maneja flujos de dinero constante que deben depositarse en bancos. En Strategy, teníamos fondos en un banco brasileño, pero el director general lo malversó. También teníamos dinero en un banco argentino, pero el gobierno congeló todos los activos, los devaluó y lo perdimos por completo. Así pues, existe el riesgo de contraparte, el riesgo bancario y el riesgo crediticio. **Basta con confiar en la contraparte financiera equivocada para terminar en la quiebra.**

5. RIESGO COMPETITIVO

Supongamos que soy el mejor del mundo en una actividad determinada. De repente, surge un competidor que produce un bien o servicio de mayor calidad o a un costo mas bajo que el mío: tengo un restaurante y alguien abre otro mejor, o fabrico acero y alguien lo hace de forma más económica.En ese escenario, no puedo competir, y termino siendo desplazado del mercado. **El riesgo competitivo es imposible de eliminar a largo plazo.**

6. RIESGO TECNOLÓGICO

Con el tiempo, surgen nuevas tecnologías. Llegó Henry Ford con el automóvil y ya nadie quiso carruajes tirados a caballo. **El mundo está lleno de ejemplos de empresas que desaparecieron por culpa de una tecnología mejor** (por ejemplo Xerox, Kodak, etc.). Pero el mundo también está lleno de empresas que acabaron desapareciendo porque, al ver venir la nueva tecnología, hicieron una mala adquisición o invirtieron sumas desproporcionadas en intentos fallidos de adaptación, acelerando su declive.

7. RIESGO POLÍTICO

El riesgo político puede originarse en la junta de urbanismo local o incluso en el alcalde de tu ciudad. Si deciden que no quieren tu tipo de negocio dentro del término municipal, simplemente lo excluyen mediante la normativa urbanística. **El riesgo político funciona porque toda empresa tiene un nexo y capacidad jurídica que pueden ser objeto de restricción.** Dicho riesgo no se limita al ámbito local: Tu propio país puede tomar medidas contra ti. Un país extranjero incluso podría prohibir a sus ciudadanos realizar transacciones contigo. En consecuencia, la incertidumbre sobre el origen del riesgo político es permanente.

8. RIESGO DE LAS INSTALACIONES

Si posees una fábrica, un restaurante o un barco, tus instalaciones corren peligro. El riesgo surge especialmente cuando operas en una jurisdicción geopolítica donde tu actividad puede ser regulada o incluso ilegal. Un ejemplo reciente de este tipo de riesgo se observa en las medidas enérgicas que tomó China contra los mineros de Bitcoin. Si tenías una operación de minería allí, era muy difícil trasladar las instalaciones. Por eso, cuando una ciudad, un estado o un país impone el cierre de una actividad, **los activos físicos pueden perderse por completo.**

9. RIESGO REGULATORIO

Los organismos reguladores pueden crear normas para regular tus actividades, y también pueden modificarlas. El problema es que existen millones de páginas de normativa vigente. Por eso, resulta difícil cumplirlas, y aun más difícil saber si, ***efectivamente***, se están cumpliendo todos los requisitos.

10. EL RIESGO DE LOS EMPLEADOS

Cuando eres accionista de una empresa con un millón de empleados, podrías decir: "Qué bien, tengo un millón de empleados trabajando para mí". Pero si te pararas a pensarlo, te darías cuenta de que: "Tengo un millón de empleados y soy responsable civil, penal y legalmente de absolutamente todo lo que cualquiera de ellos pueda hacer en cualquier momento". **Más empleados = más riesgo.**

11. EL RIESGO DE LOS PROVEEDORES

Si analizamos la estructura de capital de las empresas y la prioridad de cobro, los titulares de acciones ordinarias son los últimos en la fila y los primeros en asumir pérdidas. Por encima de ellos se sitúan las acciones preferentes, quienes conservan su valor una vez que las acciones ordinarias se han devaluado por completo. Los acreedores con deuda subordinada no garantizada tienen prioridad sobre los accionistas preferentes, y los acreedores con deuda garantizada, a su vez, tienen prioridad sobre los anteriores. Después vienen ciertos prestamistas cuya financiación está respaldada por activos, quienes pueden reclamar dichos activos en caso de impago. Con más prioridad aún en la estructura de capital se encontrarían los arrendadores, si tienen la potestad de desalojar a la empresa de sus instalaciones. **Pero por encima de todos ellos están los proveedores de servicios esenciales**, como las compañías que te suministran el teléfono o la electricidad.

Estructura de Capital de una Empresa

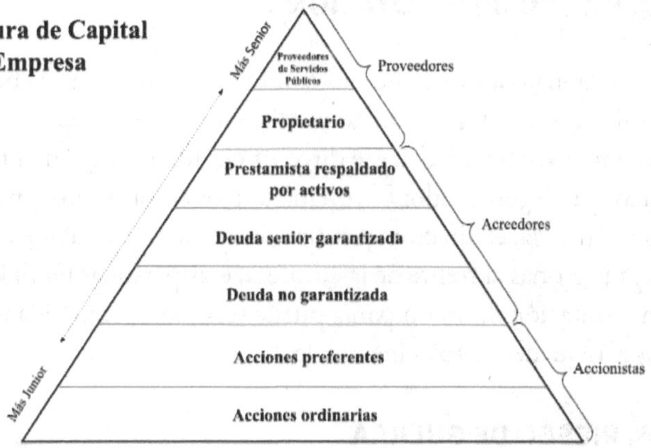

Supongamos que gestionas una operación de minería de Bitcoins y tu proveedor de electricidad te duplica la tarifa. O que eres un corredor de bolsa en Wall Street y la compañía telefónica te corta la línea. Los proveedores de servicios básicos pueden paralizar tu negocio en cinco minutos sin que puedas hacer nada al respecto. Por ello, **la electricidad y las telecomunicaciones se sitúan por encima de todo lo demás riegos de proveedores.**

12. RIESGO DE CLIENTE

Supongamos que tus clientes dejan de comprar tus productos. Aquello que creías que era un buen negocio ya no le interesa a nadie, la demanda se esfuma. La otra parte del riesgo de los clientes es que estos **adquieran demasiado poder**. Quizás una empresa se convierta en la mitad de tu negocio, por lo que te presionan para que bajes los precios. Otro escenario es que un cliente, como Amazon, observe tus productos y decida comercializarlo bajo su propia marca.

Si tu cliente es la Administración pública, es posible que debas mantener relaciones con determinados políticos para que estos, a su vez, apoyen a la empresa. O, si se trata de un gobierno hostil, te despojan de tus patentes y te obligan a venderles al precio de costo.

13. RIESGO DE REPUTACIÓN

Supongamos que cuentas con un director ejecutivo brillante, pero resulta que en la universidad escribió una tesis a favor del consumo de marihuana. Hoy en día, ese director ejecutivo dirige una fábrica en un estado cuyo gobernador ve con malos ojos el consumo de marihuana. En consecuencia, el director ejecutivo se convierte en un objetivo. Mientras haya personas al frente de la empresa, esas personas tendrán un pasado. La reputación de la compañía puede verse comprometida por alguna de sus actividades. Esto es inevitable.

14. RIESGO DE GUERRA

Conocemos la historia de la *DuPont Corporation*, que durante la guerra vendió explosivos y creció rápidamente. Sin embargo, ¿qué ocurrió con todas las empresas que vendían cruceros por el Atlántico durante la Primera Guerra Mundial? A ellas no les fue tan bien. La guerra puede destruir negocios sin compasión alguna. **Toda empresa que la guerra aniquila económicamente se convierte en un daño colateral.**

15. RIESGO DE DIVISA

La moneda es el elemento vital de una empresa. **No se pueden realizar negocios sin operar en la moneda local.** Es el medio de intercambio. Sea cual sea la moneda del mercado en el que se opera, esta constituye un lastre para el patrimonio neto de los accionistas. Strategy ha sido la empresa de inteligencia de negocios líder en Argentina durante los últimos 25 años, pero el peso argentino ha perdido valor a un ritmo anual de entre el 20 y el 40 %. ¿Cómo se obtienen beneficios de un mercado cuando se acumula una moneda que se desploma, sobre todo si se tiene en cuenta que el hundimiento de una moneda suele ir acompañado de controles de capital?

La lógica convencional indica que, si una moneda pierde un 7 % de su valor al año, es necesario incrementar los ingresos o los flujos de caja en un 10 % para que el patrimonio conserve su valor. Sin embargo, casi ninguna empresa puede crecer a un ritmo del 10 % anual. Esto lleva a las empresas a tomar medidas irracionales. Una de ellas es apalancarse pidiendo grandes préstamos y re-comprando acciones. Acumulando deuda en lugar de activos o patrimonio, lo que descapitaliza a la empresa. La otra vía es aumentar los ingresos mediante la compra de otra empresa. Se adopta una estrategia de adquisiciones (véase el punto 3, "*Riesgo estratégico*"). El riesgo cambiario es la causa subyacente de este comportamiento pernicioso.

Dólar estadounidense (USD) vs. Peso Argentino (ARS)

Tipo de cambio oficial

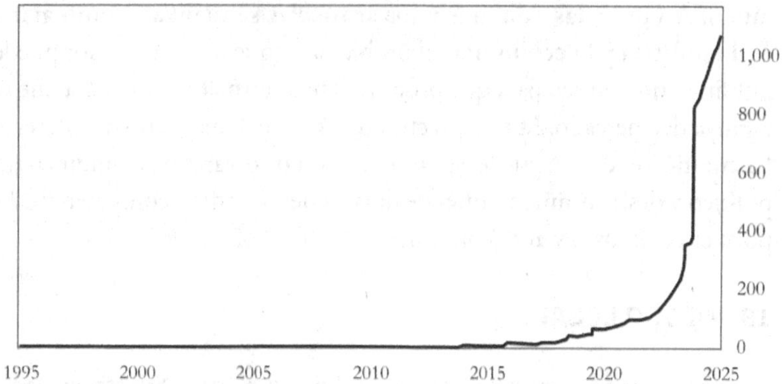

16. RIESGO FISCAL

Toda actividad empresarial conlleva el riesgo de ser gravada por una ciudad, un estado o un país. Los impuestos pueden variar, pero si las autoridades deciden que no les gusta el producto que ofreces, aplican un impuesto a las ganancias extraordinarias, una retención o un impuesto al valor agregado. Sencillamente, te aplican tantos impuestos que obligan al cierre de la empresa. Resulta difícil lidiar con esta situación, dado que la normativa fiscal cambia constantemente.

17. RIESGO CLIMÁTICO

El clima es un factor empresarial determinante que escapa a nuestro control. Muchos empresarios ni siquiera son conscientes de cómo les afecta. Si tienes un anfiteatro al aire libre, la gente no asiste cuando hace mal tiempo. Con suerte, se trata simplemente de patrones meteorológicos cíclicos y rutinarios. Pero si la suerte no te acompaña, un tsunami u otro fenómeno externo podría devastar por completo tu establecimiento.

18. RIESGO ADUANERO

Son todos aquellos impuestos vigentes sobre el comercio transfronterizo. Por ejemplo, el Tratado de Libre Comercio de América del Norte (TLCAN) aniquila a la mitad de las empresas para beneficiar a la otra mitad. Así pues, **las aduanas y los aranceles se utilizan como arma en la política y la economía.** El problema es que un competidor puede influir en un político para que promueva una normativa aduanera que te excluya del mercado. Es una práctica recurrente: Una guerra de intereses. La cuestión es que se puede gastar un millón de dólares para influir en un político y destruir mil millones de dólares de valor de la competencia. Es poco ético, injusto y antieconómico.

19. RIESGO LEGAL

Toda empresa asume un riesgo legal porque *actúa*. Sus trabajadores pueden incurrir en conductas que no se ajusten a la normativa vigente o producir bienes que incumplan los estándares legales o regulatorios. **La empresa es responsable por el comportamiento de sus empleados**. Una empresa nunca puede defenderse diciendo: "Bueno, esa persona solo trabajaba para nosotros". El empleado tiene la potestad de vincular contractualmente a la empresa.

20. RIESGO DE RESPONSABILIDAD CIVIL

Te demandarán si fabricas un coche que explota tras sufrir un choque por detrás. Si hay cualquier tipo de fallo en el producto, o si no funciona como se espera, te demandarán. **El riesgo de responsabilidad civil** surge cuando haces algo que a alguien no le gusta, por lo que te demanda. Tal vez se asumió un riesgo que los accionistas no querían, o no se informó debidamente sobre el mismo. Una empresa puede ser objeto de todo tipo de juicios: demandas colectivas, acciones sociales de responsabilidad, etc.

La razón por la que los informes 10-K incluyen extensas secciones sobre riesgos potenciales es que los abogados buscan detallar todos los factores de riesgo y las posibles formas en que los accionistas podrían perder dinero. Su finalidad es anticipar posibles litigios dentro de un horizonte temporal de entre cinco y diez años.

21. RIESGO DE PATENTES

Todo el mundo intenta patentarlo todo. Todo el mundo cree que lo ha inventado todo. **La idea detrás de las patentes es que podemos inventar algo y luego impedir que sea usado.** El peligro son los *trolls* y los abogados parásitos que no producen nada, porque si lo hicieran, podrían ser objeto de una contrademanda. Así que, se limitan a acumular una cartera de patentes y se dedican a demandar a todo el mundo por cualquier cosa y en cualquier lugar. Les pagarán a los políticos para que aprueben leyes que protejan el *lobby* de los pleitos por daños y perjuicios.

22. RIESGO DE SALUD

Las empresas están dirigidas por seres humanos. ¿Es un problema si el director general tiene 45 años? ¿Y si tiene 55? ¿Y 65, 75 u 85? Con la edad, aparecen los problemas de salud. Uno se vuelve frágil y ya no aprende con la misma facilidad. Te distrae tu propia mortalidad: si estás postrado en la cama de un hospital tras sufrir tu segundo infarto, es más difícil adoptar una visión a largo plazo para tu empresa.

23. RIESGO DEL CICLO DE VIDA

A los 25 años, cuando aun estamos solteros, tenemos una visión del mundo diferente. A los 85, mientras atraviesas tu cuarto divorcio y tus hijos y nietos se pelean por tu empresa, surgen luchas de poder de carácter dinásticas. Se trata de problemas de gobierno corporativo que suponen un riesgo para los accionistas.

24. RIESGO DE DILUCIÓN

Las empresas que no logran gestionar alguno de los 23 riesgos anteriores tienden a lidiar con el problema emitiendo más acciones. Si se emiten acciones de forma que aumente el valor por acción (al adquirir activos más valiosos que las propias acciones emitidas), es una buena razón para hacerlo. Pero si se emiten acciones para adquirir activos de menor valor, o simplemente para saldar una deuda, se está diluyendo a los accionistas. Con el tiempo, la dilución se produce por la emisión de un nuevo capital o por la absorción de un pasivo fuera del balance que tiende a estallar de forma catastrófica en el futuro. Para entonces, las acciones valen mucho menos o directamente nada.

CONCLUSIÓN

Esos son los 24 riesgos clave que todo accionista de una empresa debe aceptar. Todos los directores y consejeros delegados tienen que pensar en todos esos riesgos a cada minuto de cada día. Y si eres accionista, tú también piensas y te preocupas por ellos continuamente. No puedes simplemente comprar unas acciones, guardarlas en una caja fuerte y olvidarte de ellas durante 20 años, porque cualquiera de esos riesgos podría llevarte a la quiebra.

La gente cree que las acciones siempre tendrán algún valor, pero no hay ninguna razón por la que deban valer algo. Si un gobierno o una política son lo suficientemente hostiles con los accionistas, pueden reducir a cero el valor de todas y cada una de las acciones de un país. Un ejemplo sencillo es Corea del Norte o Cuba. El valor de todas las acciones se reduce a cero si se prohíbe la propiedad privada.

El accionista de una empresa cree intrínsecamente que su inversión superará a Bitcoin. ¡Creen que va a superar al dinero perfecto! Tienes que gestionar todos los riesgos mencionados *y* hacer crecer tu capital circulante a más de un 7 % anual (para dejar atrás la tasa de degradación monetaria).

> ***"Un diseñador sabe que ha alcanzado la perfección no cuando no hay nada más que añadir, sino cuando no hay nada más que quitar".***
>
> —ANTOINE DE SAINT-EXUPERY

Si tengo una empresa con un producto y le quito el producto, la junta directiva, el CEO, las instalaciones, la marca, el nexo, los empleados, los competidores, todas las ideas nuevas, el ciclo de vida y el drama... ¿qué me queda? **Bitcoin es una empresa de la que he eliminado esos 24 riesgos.**

A medida que se comprendan mejor los factores de riesgo inherentes a la renta variable, el inversor particular, el *family office*, el inversor institucional, el fondo soberano, las instituciones e incluso el tesorero de empresa cambiarán su opinión y su asignación de activos.

Utilizar las acciones y los índices bursátiles como reserva de valor es menos racional cuando se dispone de una alternativa adecuadamente diseñada.

LECCIONES DEL CASO DE WALT DISNEY COMPANY

Recomiendo estudiar la historia de Walt Disney. Son un gran ejemplo de todo tipo de riesgo para los accionistas.

- Frank Wells (el número dos de Disney) muere en un accidente de heliesquí. **Pérdidas de miles de millones de dólares**.
- Michael Eisner (el director ejecutivo) le declara la guerra a su ejecutivo con más talento, Jeff Katzenberg. **Pérdidas de miles de millones de dólares** porque no se podían llevar bien.
- Eisner sobrevive a un infarto. Nombra a un nuevo presidente, Michael Ovitz, cuyas decisiones provocan **pérdidas de miles de millones de dólares.**
- Eisner despide a Ovitz. **Pérdidas de miles de millones de dólares.**
- Disney se ve amenazada por la animación por computadora y cierra un acuerdo con Pixar, pero Eisner le declara la guerra a Steve Jobs. **Pérdidas de miles de millones de dólares.**
- Despiden a Eisner. **Pérdidas de miles de millones de dólares.**
- Ascienden a Iger, que realiza adquisiciones costosas: Lucasfilm, Pixar, etc.
- Iger se jubila (debido a problemas relacionados con el ciclo de vida).

- Bob Chapek asume el cargo. Se enfrentan a la amenaza existencial del *streaming* de video e invierten enormes sumas de dinero. **Miles de millones de dólares en costos.**

- A Chapek le toca lidiar con el COVID. Las líneas de crucero, negocio en el que habían diversificado, se paralizan: **desastre**. Los hoteles de Disney cierran: **desastre**. Los parques temáticos de Disney cierran: **desastre**.

- Afloran problemas de recursos humanos. Chapek se enzarza en una gran disputa con Ron DeSantis por cuestiones de política republicana. **Un desastre de mil millones de dólares.**

- Iger decide que quiere recuperar el puesto. La junta directiva despide a Chapek. **Un desastre de mil millones de dólares.**

- Iger regresa a los 72 años, y accionistas activistas externos demandan a la junta directiva.

Es solo un ejemplo más de la sucesión de violencia y ansiedad que se ha vivido durante 25 años. Así es la vida de los accionistas. Y esta es una empresa textit**de éxito**. Todas las demás empresas tienen una historia similar.

CAPÍTULO CATORCE

Fondos indexados

LA RESERVA DE VALOR DE LA CLASE MEDIA

Hoy en día, los multimillonarios poseen edificios, equipos deportivos y cuadros de Picasso. Estas son las cosas que los ultra ricos utilizan como reservas de valor. La clase media, por su parte, utiliza fondos indexados (una cartera diversificada de acciones). Ahí están el S&P 500, el Vanguard 500 y el Nasdaq 100. Esta ha sido la norma desde que Jack Bogle[1] los popularizó.

Antes de los fondos indexados, la clase media recurría al oro y a la deuda soberana para preservar su patrimonio. Podríamos argumentar que el oro perdió atractivo para la clase media, que entonces optó por la deuda soberana (bonos del Estado) como reserva de valor. Y aquello tenía lógica en su momento. La deuda soberana constituye un excelente activo de preservación de valor cuando los rendimientos son del 14 % y la inflación es del 7 %. Pero es una opción pésima cuando los rendimientos son del 3 % frente a una inflación del 7 %.

Rendimientos de la Deuda Soberana vs. Inflación Monetaria

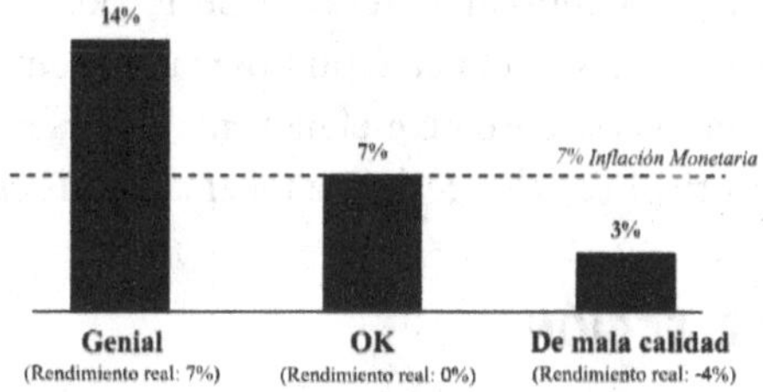

[1] John Clifton "Jack" Bogle (1929-2019) fue el fundador y director ejecutivo de The Vanguard Group.

Cuando los rendimientos reales de la deuda soberana se vuelven negativos, todo el mundo corre en estampida hacia el índice S&P 500.

EL PUNTO DE REFERENCIA MODERNO

Durante los últimos 30 años, el coste efectivo del capital ha sido el índice S&P 500. Este es el rendimiento de referencia que tu capital debe generar para evitar que te empobrezcas. El índice S&P 500 ha subido un 7 % anual durante los últimos 50 años, mientras que la oferta monetaria del dólar estadounidense también se ha incrementado un 7 %. No hace falta ser un genio para darse cuenta.

Oferta monetaria de EE. UU. (M2) vs. S&P 500

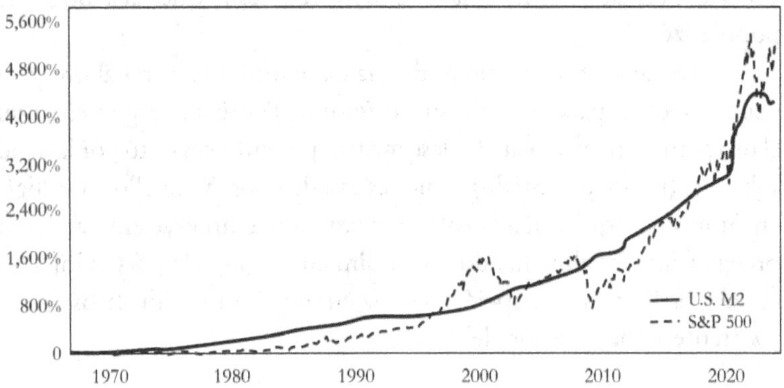

Fuente: Bloomberg L.P., National Bureau of Economic Research, Game of Trades.

En la práctica, cuando inviertes en el S&P 500, posees una cesta de activos que mantienen su valor en términos reales mientras tienden al alza en términos nominales. Y eso no está nada mal; ¡al menos no se te reduce el poder adquisitivo! Pero lo ideal sería tener algo que creciera un 14 %.

SESGO DE SELECCIÓN

Un fondo indexado es una forma de exponerse a una cesta de acciones. El S&P 500 se compone de 500 acciones no financieras que cotizan en los mercados estadounidenses. Pero existe un sesgo de selección. Uno confía en que los analistas de S&P Global Ratings[2] seleccionen y ponderen esas 500 empresas. Ellos son los que eligen el algoritmo. **No se elige un índice, sino a quien lo elabora.**

El verdadero problema es que su índice tiene un sesgo de selección *adverso* sistemático. Liquidan a las empresas perdedoras e incorporan a las ganadoras por motivos de marketing. Si no ajustaran el índice, se observaría que el 95 % de las empresas incluidas acabarían quebrando. Del mismo modo que no existe una métrica fiable del IPC, tampoco hay un análisis fidedigno de los rendimientos del índice S&P 500 (ya que no se gestiona de forma estadísticamente coherente).

Sus defensores argumentarán: "Bueno, no se puede mantener una composición estática del índice porque las empresas entran y salen del mercado". **De acuerdo, entonces denme un algoritmo para establecer un índice inmune a la corrupción humana.**

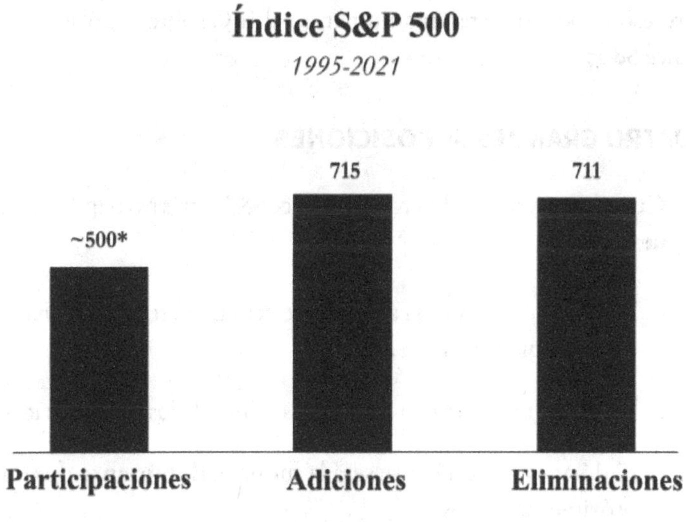

Fuente: S&P Dow Jones Indices LLC.

* *El índice suele superar las 500 participaciones debido a las múltiples clases de acciones de una misma entidad.*

---

[2] Anteriormente conocida como *Standard & Poor's.*

CORRELACIÓN CON LA MONEDA LOCAL

Evalúe con este experimento mental: cree un índice con las empresas más importantes de cada país. Tome las 100 mayores empresas de Zimbabue, Sudáfrica, Japón, Alemania, Argentina, Venezuela, Estados Unidos, Reino Unido, Francia, Noruega, Rusia, etc., remóntese a 1.900 y compruebe qué tal se ha comportado cada índice en comparación con el oro o el mercado inmobiliario de Miami Beach.

El noventa y nueve por ciento de los índices tienden a ir a cero porque cada índice está correlacionado con la moneda.

No existe ningún índice que se pueda crear en Sudamérica que no le haga perder todo su dinero en 50 años. Cualquier índice que se cree en Alemania después de la Primera Guerra Mundial le hace perder casi todo su dinero. ¡Después de la Segunda Guerra Mundial, el resto se reduce a cero! Así que se arruina dos veces. Se pierden todos los ahorros al menos una vez en Japón, tres veces en Rusia y cinco veces en Argentina. En Estados Unidos no te eliminan del todo (un índice ajustado políticamente), pero eso es porque están manipulando el IPC sobre el dólar y luego el índice S&P.

CUATRO GRANDES SUPOSICIONES

Cuando inviertes tu dinero en el índice S&P, estás partiendo de **cuatro supuestos:**

1. La inversión indexada al S&P 500 será una estrategia **sensata** durante los próximos 100 años.

2. Estados Unidos será un país **exitoso** durante los próximos 100 años.

3. El dólar estadounidense será la moneda **dominante** durante los próximos 100 años.

4. Usted y sus herederos podrán mantener sus activos **domiciliados** en Estados Unidos durante los próximos 100 años.

Si todos esos supuestos son correctos, es posible que obtenga un resultado que siga a grandes rasgos el de una cesta de acciones de mercado.

Pero no creo que ningún estudio haya demostrado que la selección de acciones (o de índices) pueda superar el colapso de una moneda.

S&P 500: Las cuatro grandes hipótesis

GESTORES DE FONDOS

Podrías contratar a un gestor de fondos para que te administre un fondo de cobertura. Su objetivo es mitigar este tipo de riesgos. Pero ahora tienes el riesgo de contraparte que supone confiar en un gestor, igualmente le pagarás un 2 % de tus activos cada año y un 20 % de cualquier ganancia (lo que se conoce como una comisión de "2 y 20"). Si le asignas un millón de dólares a un gestor, estadísticamente, en diez años se habrá quedado con un 20 % de tu dinero (200.000$) solo por la comisión de gestión. Y el 95 % de estos fondos de cobertura *rinden por debajo* del índice S&P. El resultado es desastroso. Así que, a la larga, esa estrategia no funciona.

LAS "MAGNIFICENT 7"

Casi toda la rentabilidad del S&P 500 proviene de solo el 1 % de las empresas. Competir en el mundo actual es cada vez más difícil si no eres un monopolio digital o careces de la fuerza y el poder arrolladores de **Microsoft**, **Apple** o **Amazon**. Por tanto, la pregunta para los inversores es: "¿quieres tener en cartera las siete empresas que generan toda la rentabilidad, o las otras 493 que no rinden nada?".

"Magnificent 7" : % de la capitalización bursátil del S&P 500

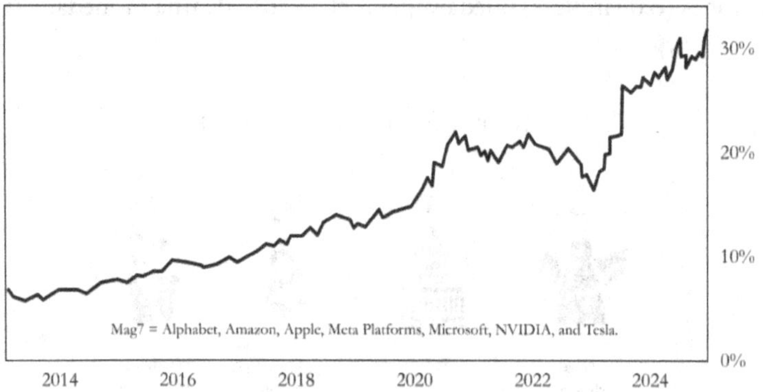

Fuentes: LSEG Datastream, Yardeni Research.

No se trata de un juicio de valor; la gente que trabaja para esas 493 empresas probablemente se esforzó igual, cobró menos y se vio enormemente perjudicada al intentar luchar contra la tsunami digital.

Las carteras diversificadas convencionales están rindiendo menos que las *Magnificent 7*, y casi todas las inversiones alternativas son ilíquidas o muy poco escalables. Todas las oficinas familiares y los inversores institucionales se enfrentan a esta disyuntiva económica. Es el trasfondo del debate diario en la CNBC: "¿Qué se supone que debo hacer, más allá de esperar y mantener mi inversión en las *Magnificent 7*?".

INCENTIVOS DESALINEADOS

El mundo tiene un exceso de formación en acciones y ETF, pero una carencia de formación en dinero sólido y Bitcoin. Hace poco estuve en una conferencia con cientos de experimentados profesionales de las finanzas que me explicaban las ventajas de uno de sus miles de fondos de inversión y ETF. **En mis treinta años de carrera, jamás ha venido a mi oficina una persona de traje a proponerme una estrategia de inversión tan sencilla como comprar una propiedad de calidad y conservarla para siempre.** Del mismo modo, nunca un médico me ha recomendado el ayuno. ¿Por qué? Porque nadie cobra por ello. El tipo del traje no cobra. El director ejecutivo no cobra. El médico no cobra. La farmacéutica no cobra. En última instancia, depende de educadores éticos que trabajan *pro bono* explicarle al mundo por qué cosas como llevar una vida sana o poseer Bitcoin son imperativos.

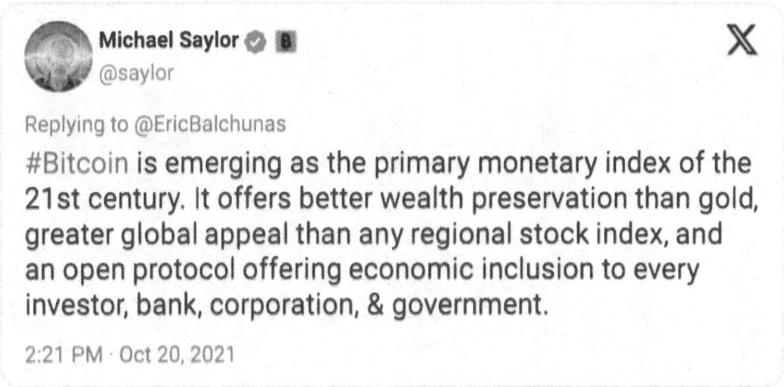
Michael Saylor
@saylor

Replying to @EricBalchunas

#Bitcoin is emerging as the primary monetary index of the 21st century. It offers better wealth preservation than gold, greater global appeal than any regional stock index, and an open protocol offering economic inclusion to every investor, bank, corporation, & government.

2:21 PM · Oct 20, 2021

Traducción: "#Bitcoin se está convirtiendo en el principal índice monetario del siglo XXI. Ofrece una mejor preservación del patrimonio que el oro, un mayor atractivo global que cualquier índice bursátil regional y un protocolo abierto que ofrece inclusión económica a todos los inversores, bancos, empresas y gobiernos".

CAPÍTULO QUINCE

Jerarquía de activos fijos

Las familias con mayor patrimonio neto global se enriquecieron porque compraron o crearon activos y los conservaron para siempre. No generan ingresos. Nunca pagaron plusvalías. Poseen activos que se revalorizan y piden financiamientos contra ellos. No hay impuestos sobre el dinero que pides financiado, por lo que no hay impuesto sobre la renta. Así es como todas las familias adineradas de Nueva York amasaron sus fortunas en el siglo XX. Financiaban todo el dinero posible, a un tipo de interés inferior a la tasa de inflación monetaria, y compraban edificios. Los banqueros existen para conceder préstamos poniendo el edificio como garantía.

La forma en que funciona el mundo es que la gente inteligente designa ciertos activos como activos de capital y otros, como divisas. Mantienen un capital circulante negativo en la divisa y un capital circulante positivo en el activo de capital. Así es como se sobrevive en un entorno inflacionario. Cuanto mayor sea la tasa de inflación, más importante se volverá esta estrategia.

Pensemos en las personas más ricas del mundo: Elon Musk, Jeff Bezos y Mark Zuckerberg. ¿Qué porcentaje de su patrimonio está en dólares estadounidenses? Ni siquiera el 1 %. La fortuna de Jeff Bezos es de 200.000 millones de dólares. ¿De verdad cree que tiene 2.000 millones en efectivo? No. Ninguna persona adinerada diría jamás que la mayor parte de su patrimonio está en dólares estadounidenses. Lo que poseen son activos de capital, que suelen dividirse en tres tipos: bonos (corporativos o gubernamentales), bienes inmuebles (comerciales o residenciales) y acciones (privadas o públicas).

Rendimiento de la clase de activos desde la adopción de la estrategia

10 de agosto de 2020 - 18 de junio de 2025

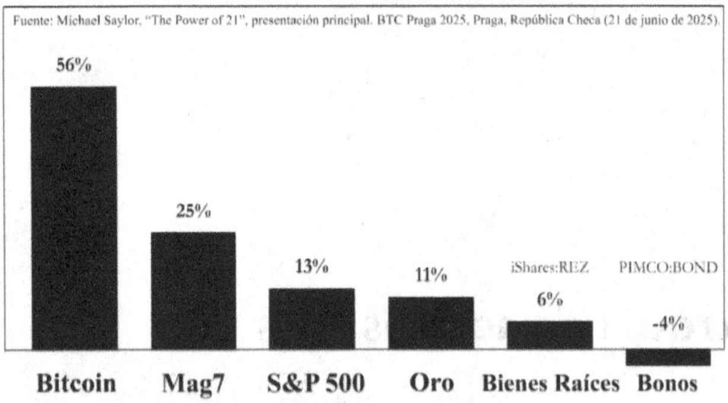

En el siglo XXI, las reglas de siempre siguen siendo válidas. Pero ahora existe el llamado capital digital, que es una propiedad global y evoluciona a un ritmo mucho más rápido que la propiedad del siglo XX. Ahora bien, **usted no decide si Estados Unidos emite más moneda o si el Bitcoin se convierte en moneda de curso legal**; esas son decisiones gubernamentales. Pero **sí puede elegir cómo distribuir los activos de su cartera.**

El mejor activo de capital es Bitcoin. El mejor activo de capital convencional es un edificio en una ciudad como Nueva York o París. Le sigue el índice S&P (que crece en términos de dólares, pero se mantiene estancado en términos reales). Luego, una cartera 60/40 (60 % de acciones, 40 % de bonos). A continuación está la deuda soberana sólida (es decir, las letras del Tesoro de EE. UU.), que drenará su energía económica a un ritmo de entre el 7 % y el 10 % anual. Después viene una moneda fuerte como el dólar estadounidense. Por debajo de eso se encuentra la deuda soberana débil (por ejemplo, la argentina), que se desangra a un ritmo del 30 % al 40 % anual. Y el peor activo de capital es una moneda débil como el peso argentino.

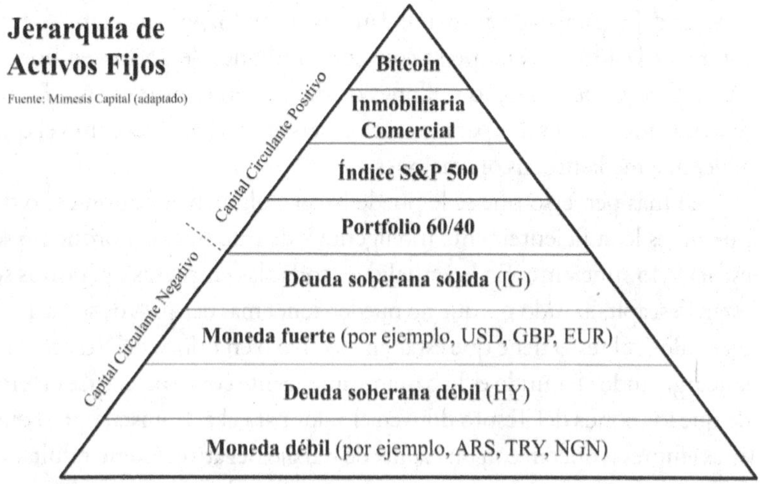

Bitcoin es el único activo que supera el costo del capital a largo plazo. Dicho de otro modo, todo lo demás es dilutivo y destruye capital y riqueza.

TESORERÍA, TENEMOS UN PROBLEMA

Estaba desesperado antes de descubrir Bitcoin. Había trabajado durante una década, probando todo lo imaginable, y no conseguía salir adelante. No era estúpido; era la misma persona. En algún momento, te das cuenta de que el sistema está manipulado en tu contra.

Si quisiera dañar a una persona, le daría agua tóxica. Si quisiera dañar a una empresa, le daría capital tóxico. Por eso muchas empresas quiebran en menos de una década. Si se basa una empresa en un activo con una vida útil de diez años, la empresa solo durará diez años. Así, la longevidad de las empresas se está reduciendo porque se sustentan en un activo de capital ineficiente.

Al igual que usted y yo necesitamos almacenar nuestra energía económica, también las empresas necesitan hacerlo. Hay 50.000 empresas que cotizan en bolsa en todo el mundo que necesitan almacenar su energía económica. Actualmente, utilizan la deuda soberana como su principal activo de capital (o activo de tesorería). El problema, por supuesto, es que el activo se está desplomando en términos reales. Por ejemplo, si las letras del Tesoro de EE. UU. le dan un 3 % después de impuestos mientras que el costo del capital es de aproximadamente un 13 %, perderá el 10 % de su capital cada año. Una empresa con 5.000 millones de dólares en bonos en su balance perderá 500 millones de dólares en el primer año. Están destruyendo tanto valor para los accionistas en sus balances como el que generan a mediante sus operaciones.

Lo más perverso que se le puede hacer a alguien es convencerlo de que no es lo suficientemente inteligente y de que fracasa porque no se esfuerza lo suficiente. En la actualidad, todas las empresas operativas se están descapitalizando porque no pueden tener más del 40 % de su balance en títulos[1]; el resto tiene que estar en efectivo o en bonos del Tesoro. Sin embargo, todo el mundo es lo bastante inteligente como para darse cuenta de que los bonos del Tesoro diluyen el valor para el accionista, por lo que estas empresas operan con un capital de trabajo negativo. Como resultado, recompran sus propias acciones, pagan dividendos y se endeudan para acelerar el pago de deudas o expandir sus operaciones. Pensemos en Meta, Apple, Google y Microsoft: todas han recomprado acciones. En cambio, los fondos patrimoniales de Harvard y Yale, que mantienen un capital de trabajo positivo, gozan de mayor longevidad.

En el futuro, los individuos reconocerán la necesidad de tener capital digital en sus balances, tal y como ocurre con la electricidad en sus hogares. **Las empresas con Bitcoin en sus balances durarán más, tendrán un mejor desempeño y sobrevivirán a sus competidores.**

[1]Sección 3(a)(1)(C) de la Ley de Sociedades de Inversión de 1940.

PARTE CUATRO
REDES

CAPÍTULO DIECISÉIS

Lessons from *The Mobile Wave*

EL RITMO DE LAS REVOLUCIÓNES TECNOLÓGICAS

> *"La Revolución agrícola tardó miles de años... La Revolución industrial [tardó] unos pocos cientos. Por simple extrapolación, cabría esperar que la Revolución de la información tarde decenas de años en provocar cambios profundos en nuestras vidas..."*
>
> —MICHAEL SAYLOR (*The Mobile Wave*)

En el MIT, una de mis titulaciones fue en historia de la ciencia. Estudié la estructura de las revoluciones científicas y los distintos tipos de difusión de la tecnología. Hubo ciertas cosas que me resultaron evidentes. A menudo se observa una curva en S, en la que algo empieza lentamente, después acelera y finalmente llega a la fase de rendimientos decrecientes (momento en el cual deja de ser una tecnología interesante).

Difusión de innovaciones Curva en S

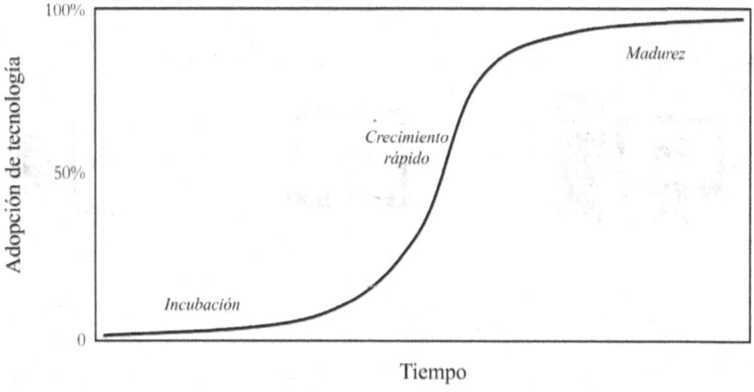

Pero una de las lecciones de la historia es que es difícil saber con exactitud *cuándo* empezará la aceleración (el margen de error puede ser de un año o de cien). Sin embargo, una vez que empieza, es muy difícil de *detener*. Cuando un reactor nuclear entra en funcionamiento y se inicia la reacción en cadena, a eso lo llamamos "*criticidad*"." Bitcoin ya ha alcanzado la criticidad. La red ha cobrado vida, la energía fluye y no tiene interruptor de apagado: es imparable.

LA EVOLUCIÓN DEL SOFTWARE: DE SÓLIDO A VAPOR

Mi otra titulación del MIT fue en ingeniería aeronáutica y diseño de naves espaciales. Lo que consideramos innovaciones modernas (es decir, aviones, coches, ferrocarriles y la radio) no eran más que la aplicación de materiales de ingeniería y matemáticas avanzadas.

Me fascinó la idea de que el software diera el salto del ordenador al teléfono móvil. La primera generación fue el software en estado sólido, que se ejecutaba en un ordenador central en la trastienda de una oficina. Luego vino el software en estado líquido, el cual se podía instalar en un portátil y llevar a todas partes. El estado gaseoso es cuando el software se ejecuta en el teléfono que llevas en el bolsillo o en el reloj que llevas en la muñeca. El futuro iba a ser completamente distinto si el software nos rodeaba 24 horas al día, 7 días a la semana, 365 días al año.

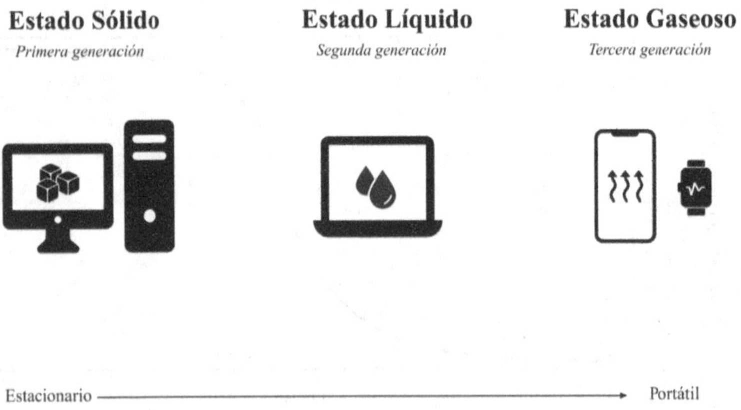

REDES DIGITALES DOMINANTES

Escribí *The Mobile Wave* en 2012. Una de las observaciones del libro era que las redes de software estaban desmaterializando todo lo tangible. Se pasó de hacer fotos con una cámara Canon y guardarlas en una caja de zapatos a usar Facebook e Instagram en el iPhone. ¡No valía diez veces más, valía mil veces más! El mundo iba a cambiar. Estas redes destruirían a 15 000 empresas de la competencia, porque nadie en la historia había podido actualizar o distribuir un producto a todo el planeta sin coste variable alguno. Y, sin embargo, eso es lo que hace Google. Eso es lo que hace Facebook. Eso es lo que hace Apple. Y esa es la parte de Amazon que funciona bien. La conclusión fue comprar Apple, Amazon, Facebook y Google.

Escribí el libro. Nadie lo leyó.

Puse 50 millones de dólares de mi propio bolsillo y compré acciones de Facebook, Apple, Amazon y Google. Me subí a esa ola y convertí 50 millones en 500. ¿Cuál es el truco? Das con la red digital dominante que haya superado los 100.000 millones de dólares en capitalización de mercado. La compras cuando es diez veces más grande que la que le sigue, mientras todo el mundo te dice que eres estúpido. La mantienes y esperas.

Entonces, si compras demasiado pronto, podrías acabar con un Blackberry, un MySpace o un Yahoo. Pero **después de los 100 000 millones de dólares, el mercado ya ha decidido**. Apple, Google, Facebook y Amazon son los ganadores.

El camino hacia los 100.000 millones de dólares

	Fundada/ Creada	Fecha en que se alcanzaron los USD100.000M	Años para alcanzar los USD100.000M
Google *(Alphabet)*	4 de septiembre de 1998	Octubre de 2005	7
Facebook *(Meta Platforms)*	4 de febrero de 2004	Agosto de 2012	8.5
Bitcoin	3 de enero de 2009	Noviembre de 2017	8.8
Amazon	5 de julio de 1994	Julio de 2011	17
Apple	1 de abril de 1976	Agosto de 2007	31.3

Fuente: TradingView, CoinMarketCap.

La fórmula ganadora de los últimos diez o quince años aproximadamente ha sido encontrar una red digital dominante que desmaterializará algo fundamental.

VENDER A LOS GANADORES PARA COMPRAR A LOS PERDEDORES

Cuando Apple lanzó el iPhone en 2007, era un juguete. No tenía la función de cortar y pegar ni tienda de aplicaciones. Para 2009, la cosa había cambiado: ya era una herramienta de trabajo. Recuerdo dar conferencias sobre Apple a gente de Wall Street en 2011. Me decían: "Sabemos que te encanta Apple y que crees que va a arrasar con todo, pero si sus acciones suben demasiado, nuestra estrategia es vender y comprar otras empresas de ordenadores para diversificar la cartera". ¡Y de verdad que me lo decían! El problema de esa estrategia es que, si Apple desmaterializá a todos los demás ordenadores, no *necesitarás* ninguna otra empresa. Apple va a devorar a toda la competencia. Cada vez que diversificas, le estás vendiendo al ganador para comprarle a los perdedores.

Llegó un punto en el que Apple se llevaba el 150 % de todos los beneficios del negocio de la telefonía móvil. Esto significa que, en su conjunto, todos sus competidores perdieron la mitad de lo que Apple ganó, solamente para poder competir contra ella. Lo mismo ha ocurrido en el sector minorista. Amazon ganó, Walmart aguantó el tipo y los 2500 minoristas restantes perdieron.

Amazon era el ganador en 2013, cuando sus acciones cotizaban a 300 dólares. Todo el mundo en Wall Street decía: "¿Pero qué es esta empresa absurda? ¡No gana dinero! No vamos a comprarla". Pero *tú* sí podrías haberla comprado. Podrías haber comprado todas esas empresas y habrías multiplicado tu inversión por diez o por veinte. Solo tenías que esperar a que el 99 % del mundo que no estaba de acuerdo, los cínicos, los escépticos y los ignorantes, fueran cayendo gradualmente en cuenta de que Google es una red de información; Facebook, una red social; Apple, una red móvil; y Amazon, una red de distribución. Eso me permitió tener éxito como inversor, pero mi empresa no invirtió en ninguna de ellas.

Redes digitales dominantes

Venta al por menor | Discurso | Información | Social | Móvil

¿Qué pasa cuando piensas en lo que *no* se transformó digitalmente durante la primera ola móvil? **Me juré que si volvía a ver algo parecido, no escribiría un libro; me limitaría a comprar todo lo que pudiera, tanto para mí como para mi empresa. Y luego, a tuitear sobre el tema.**

Michael Saylor
@saylor
Replying to @intocryptoverse
The best investments are in technology that everyone needs, no one can stop, and few understand.
8:03 AM · Dec 18, 2021

Traducción: "Las mejores inversiones son las que se realizan en tecnología que todo el mundo necesita, que nadie puede detener y que pocos comprenden."

CAPÍTULO DIECISIETE

Redes monetarias

CONECTAR EL MUNDO: UN COSTO QUE VALE LA PENA

Las redes son infraestructuras que trasladan cosas de un punto A a un punto B. La construcción de cualquier red importante es muy costosa. Las redes eléctricas cuestan mucho. Los barcos y puertos cuestan mucho. Los acueductos cuestan mucho, pero si los quitamos, todos en la antigua Roma mueren. Los ferrocarriles costaban tanto que solían llevar a todo el mundo a la bancarrota, pero conectaron el país. Construir un ferrocarril tiene un costo fijo único y mantenerlo, un gasto recurrente. Pero, una vez que se cuenta con un ferrocarril bien mantenido, el costo de trasladar toneladas de carga disminuye no en un factor de 10 a 100, sino de 10.000 a 100.000.

El primer avión intercontinental costó cientos de millones de dólares. El siguiente, mucho menos. Treinta años después, el costo de viajar entre Nueva York y Tokio se ha reducido a unos pocos cientos de dólares. ¿Quién se atrevería a decir que es demasiado caro? ¡El dueño del barco de vapor, por supuesto! Del mismo modo que quien vende carretas de bueyes diría que el automóvil es demasiado caro, y quien vende carbón diría que el petróleo es demasiado costoso.

Quienes dicen que Bitcoin cuesta demasiado son los promotores de criptomonedas que impulsan sus propios tokens y buscan desesperadamente tener relevancia. Se necesita una profunda inversión de capital, intelecto humano y trabajo para construir cualquier cosa con cierto grado de utilidad.

> ***"Si algo nuevo es técnicamente factible y mucho más económico que lo antiguo, entonces ese algo nuevo se impondrá, tarde o temprano".***
>
> —MICHAEL SAYLOR (*The Mobile Wave*)

EL FERROCARRIL DIGITAL[1]

En 2025, habrá unos 50.000 millones de dólares en hardware funcionando (o *capitalizado*) en la red. Los mineros consumen entre 7.000 y 10.000 millones de dólares anuales en electricidad, y su eficiencia energética es cada vez mayor. Digamos que mantener en funcionamiento la red de minería de Bitcoin cuesta 25.000 millones de dólares al año en hardware y electricidad. Equivale a gastar 25.000 millones de dólares en un ferrocarril que respalda 2 billones de dólares en activos y mueve decenas de billones de dólares de valor al año. A estas alturas, la red Bitcoin es casi infinitamente escalable. El mismo gasto anual de 25.000 millones de dólares podría soportar un volumen de transacciones, un valor por transacción y un valor de los activos 10 veces superiores a los actuales. Si se analiza Bitcoin en este contexto, no resulta tan caro.

LOS TRES PROBLEMAS

El dilema del mundo es que necesita tanto un activo monetario *como* una red monetaria con integridad.

En la era del oro, el activo monetario era el oro en lingotes (o en monedas), y la red monetaria se basaba en el ferrocarril y el transporte marítimo. Así era el mundo de antes. Los últimos cien años han sido un período intermedio en el que el principal activo monetario es el dólar estadounidense y la red es un sistema de bancos centrales. Ahora el mundo quiere una nueva red monetaria, pero existen tres problemas: uno económico, otro técnico y otro político.

El **problema técnico** es que ocho mil millones de personas necesitan poder realizar 10.000 transacciones diarias entre sí a través de 50.000 millones de computadoras.

Se necesita dinero que se mueva a la velocidad de la luz, con una liquidación definitiva en un milisegundo. Eso no se consigue con los bancos centrales, los bancos corresponsales o las redes de tarjetas de crédito.

El **problema económico** es que todas las monedas *fiat* están perdiendo poder adquisitivo.

---

[1]Valores en dólares actualizados por el editor de 2022 a 2025.

La moneda de reserva mundial (el dólar estadounidense) ha perdido valor a un ritmo aproximado de un 7 % anual durante el último siglo, y esa tasa no deja de acelerarse (lo que genera daños económicos que asciende a billones de dólares). Si bien hemos logrado sobrevivir a eso, no creo que podamos soportar un 20 %.

Pensemos en la disfunción que se produce cuando los bancos se paralizan y la moneda se desploma. En una situación así, ¿qué grado de investigación, innovación y creatividad puede haber en la industria? África es un buen ejemplo. Podríamos decir que el continente ha sufrido una disfunción durante cientos de años, y una de las causas principales es la falta de una red monetaria íntegra. En la mayoría de los países africanos, si alguien consiguiera mil millones de dólares, ¿cuánto tiempo permanecería ese dinero allí? ¿Se invertiría de forma productiva o se esfumaría? Es como si le estuvieran bombeando sangre al brazo, pero tuviera una arteria abierta y la sangre se escapara a chorros.

Y, por último, el **problema político** es que nadie confía en nadie.

Lo vimos en Gran Bretaña durante la crisis de los *gilts* de 2022. Impidieron que el sistema se corrigiera hacia un tipo de interés justo que habría beneficiado a los actores racionales. En su lugar, tomaron decenas de miles de millones de libras de un grupo y se las dieron a otro con conexiones políticas. Luego, se hicieron pasar por virtuosos salvadores del sistema para evitar su colapso: "Castiga a los sabios, recompensa a los necios".

La mayoría de estas redes monetarias buscan incansablemente la perfección. Como resultado, están dispuestas a aceptar toda clase de riesgos inefables y no cuantificables que no comprenden, siempre y cuando consigan perseguir un beneficio tangible que sí pueden ver. Y, de este modo, evitar una pérdida de 50.000 millones de libras en los fondos de pensiones que habían asumido un riesgo, sirve de justificación para infligir un daño a todos los demás.

La solución es educar a quienes son objetivos y explicarles por qué la civilización se basa en la red monetaria. Y esa red monetaria debería tener una arquitectura sólida y ser independiente de cualquier país o empresa. Porque ningún país confía en otro, y nadie puede confiar en ninguna empresa o institución a lo largo de las generaciones.

EL PROTOCOLO DE LA PROSPERIDAD

Los protocolos son normas o reglas codificadas que permiten la cooperación. El idioma inglés es un protocolo, las matemáticas en base 10 son un protocolo y el TCP/IP es un protocolo. Los antiguos egipcios tenían protocolos para construir las pirámides: tamaños, anchuras, pesos y medidas estandarizados. Si todo el mundo instalara vías de ferrocarril de un ancho determinado (calibre) y usted diseñara un vagón con un ancho distinto, sería incompatible con la red. Así que los protocolos son increíblemente importantes.

Satoshi creó un protocolo para la prosperidad: 21 millones de monedas, un tamaño de bloque limitado, intervalos de diez minutos, el hash SHA-256, etc. Si Bitcoin fuera una nación, el protocolo sería el conjunto de leyes que la rigen. El protocolo no prescribe, así que, a efectos prácticos, integrar algo en él es como promulgar una ley que podría durar mil años. Ese protocolo sigue vivo en el software.

Cuando me preguntan sobre amenazas como la computación cuántica, lo que me gusta señalar es que el inglés es un protocolo: si actualizas el software, conservas el idioma inglés. Las matemáticas en base diez son un protocolo: si actualizas el software o reconstruyes la computadora, conservas las matemáticas en base diez. Del mismo modo, Bitcoin es un protocolo: puedes cambiar el hardware o el software, pero el protocolo permanece.

El protocolo de Bitcoin es muy simple: personas inteligentes de todo el mundo quieren preservar su patrimonio para siempre. Están comprando un porcentaje de todo el dinero que vaya a existir. ¿En qué momento no querrías tener algo así?

INTEGRIDAD A TRAVÉS DEL ESPACIO, EL TIEMPO Y EL DOMINIO

Bitcoin resuelve el problema de la integridad monetaria a través del **espacio, el tiempo y el dominio**.

- Espacio: puedo realizar transacciones en cualquier lugar de la Tierra, miles de millones de veces por hora.

- Tiempo: puedo conservar algo que perdurará 10.000 años sin degradarse.
- Dominio: millones de empresas de un centenar de países pueden comerciar a través de 10.000 jurisdicciones y organismos políticos.

Para crear algo que perdure 10.000 años, que abarque 100 millones de empresas, 10.000 culturas y 10.000 jurisdicciones, y que se mueva a la velocidad de la luz, debe ser un **activo digital sin emisor**.

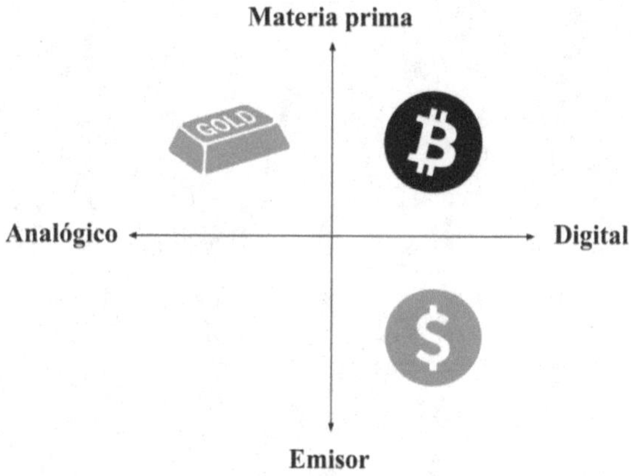

CAPÍTULO DIECIOCHO

Dinero diseñado

UNA PROEZA DE LA INGENIERÍA

El credo del ingeniero es observar su entorno y usar su intelecto, los materiales disponibles y las técnicas aprendidas para construir un mundo mejor para quienes ama.

Eso implica no resignarse a ser una víctima de las circunstancias, sino procurar cambiarlas mediante la acción.

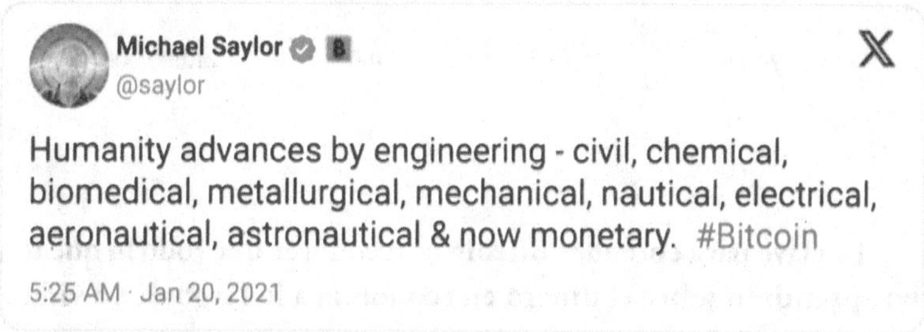
Michael Saylor
@saylor

Humanity advances by engineering - civil, chemical, biomedical, metallurgical, mechanical, nautical, electrical, aeronautical, astronautical & now monetary. #Bitcoin

5:25 AM · Jan 20, 2021

Traducción: "La humanidad avanza gracias a la ingeniería: civil, química, biomédica, metalúrgica, mecánica, náutica, eléctrica, aeronáutica, astronáutica y ahora monetaria. #Bitcoin"

Siempre hemos concebido el dinero como algo perteneciente al dominio de quienes podían ejercer la mayor fuerza (es decir, los gobiernos). Pero ahora está pasando a un terreno propiamente científico. ¿Se considera algo dinero porque lo dice la persona más importante del pueblo, o porque el mejor ingeniero lo diseñó como tal? Todo gobierno ha *creado* dinero, mientras que Satoshi *construyó* el dinero, una solución basada en la premisa de cero pérdida de poder.

UN SISTEMA CERRADO

Nadie ha diseñado nunca un sistema neumático o hidráulico con fugas. Su piscina no funciona si tiene una fuga. Si hay una fuga en el fuselaje de un avión, explota. No se intenta cruzar un océano en un barco con una fuga. En un reactor nuclear no hay fugas. La idea de un sistema cerrado es básica para todo estudiante de primer año de ingeniería.

Un sistema cerrado es aquel en el que la masa que contiene no puede salir ni se le puede añadir más; lo único que se puede hacer es inyectar energía. Bitcoin es el clásico ejemplo de libro de un sistema cerrado. Hay 21 millones de monedas. No se puede añadir ni quitar ninguna. No hay inflación.

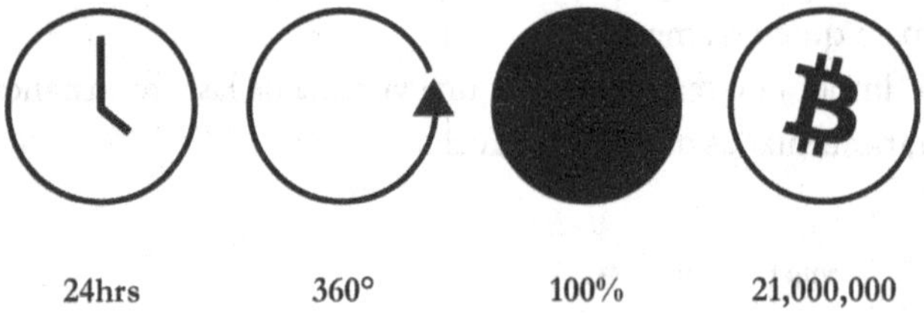

La clave para entender Bitcoin es reconocer que todo lo que uno ha aprendido sobre el dinero en economía a lo largo de su vida es pseudociencia.

Es una idea completamente ajena tener un instrumento financiero que sea escaso y con limitaciones. Se pueden emitir más acciones y bonos, extraer más oro e imprimir más moneda *fíat*. Por lo tanto, no se puede culpar a los economistas, políticos e inversores por carecer del modelo mental correcto para entender Bitcoin, ya que aún no habíamos descubierto el dinero perfecto.

Puedo depositar 100 millones de dólares de energía monetaria en la red Bitcoin, y esta almacenará esa energía durante un tiempo inimaginable, sin que se disipe. Ahí radica su genialidad.

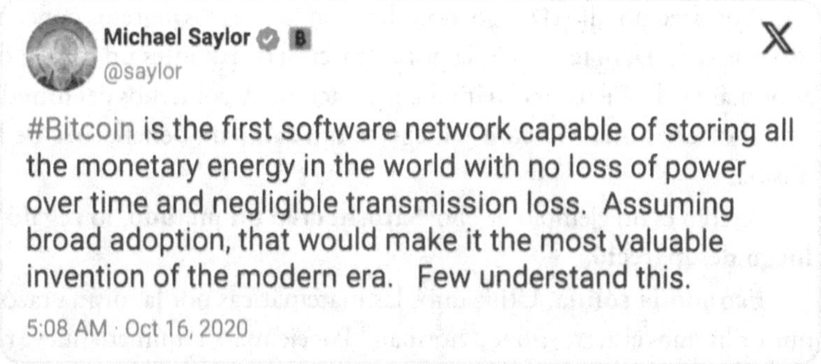
Michael Saylor
@saylor

#Bitcoin is the first software network capable of storing all the monetary energy in the world with no loss of power over time and negligible transmission loss. Assuming broad adoption, that would make it the most valuable invention of the modern era. Few understand this.

5:08 AM · Oct 16, 2020

Traducción: "#Bitcoin es la primera red de software capaz de almacenar toda la energía monetaria del mundo sin pérdida de potencia con el paso del tiempo y con una pérdida de transmisión insignificante. Suponiendo una amplia adopción, eso lo convertiría en el invento más valioso de la era moderna. Pocos lo entienden."

UN SISTEMA ESTABLE

Se puede pensar en Bitcoin como un banco estabilizado por tres patas: una ética sólida, una economía sólida y una ingeniería sólida.

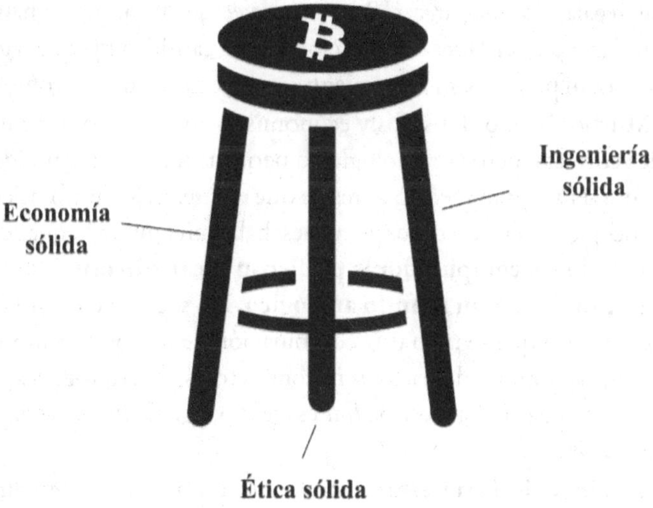

Ética sólida: he aquí la hoja de ruta para el lanzamiento ético de una mercancía digital descentralizada y un protocolo abierto para cualquier cosa: créalo, regálalo y desaparece.

Prometeo nos dio el fuego; no se lleva un 10 % de los ingresos por cada uso que se le da, ni te demanda por infracción de patentes un millón de años más tarde. Piense en cuántas corporaciones y gobiernos del mundo actual ofrecen una solución y luego se quedan para beneficiarse de la misma.

Bitcoin es un ejemplo de ello: **Satoshi creó un método, lo regaló y luego desapareció.**

Economía sólida: Utilizamos las matemáticas por la misma razón que utilizamos el acero: no se deforman.[1] Por ejemplo, el número nueve no cambia de año en año. El nueve es siempre nueve. Nadie puede redefinirlo, ni hay debate al respecto. Por eso, todas las máquinas y computadoras del mundo funcionan con las matemáticas. Si se cambiara el valor del nueve a nueve y cuarto, las máquinas se destruirían.

Bitcoin es una idea elegante: una cifra fija que no se puede cambiar, 21 millones. No son 21 millones y subiendo, ni 21 millones a menos que votemos otra cosa. Son, simplemente, 21 millones. Para siempre.

En teoría, se podría crear un activo digital que se incremente un 5 % anual, regalarlo y desaparecer. Pero sería defectuoso, porque no haría más que inflarse. La verdadera innovación es una cantidad fija que nadie, ni empresas, ni políticos, ni movimientos, pueda cambiar o corromper.

Muchos buenos filósofos y economistas austríacos quizá tuvieron la idea correcta, pero la tecnología no permitía materializar un ideal así. Es como ser un gran médico antes de que existieran los antibióticos, los microscopios y la teoría de los gérmenes: había un límite a lo que se podía lograr. **Solo las computadoras pudieron crear Bitcoin. No podría haberse hecho en un mundo analógico.** No se logró crear un dinero perfecto hasta que se tuvo una combinación de tecnologías modernas: internet, las computadoras, los semiconductores y la criptografía. El oro es dinero analógico. La moneda *fiat* es crédito digital. Bitcoin es el primer dinero digital.

Una ingeniería robusta: Cuando una tecnología o un instrumento se vuelve lo suficientemente bueno, rompe con el paradigma establecido. Todo puede empezar puliendo un cristal hasta convertirlo en una lente

[1] En ingeniería, la deflexión es el cambio de dirección que experimenta un objeto a causa de una fuerza o interacción externa.

para observar objetos muy lejanos. Antes del telescopio, no podíamos ver las lunas de Júpiter, lo que significaba que no podíamos descubrir las leyes de Kepler sobre el movimiento planetario, y nunca habríamos determinado que la Tierra gira alrededor del Sol. Así que es como un instrumento que permite demostrar o refutar un paradigma. Este cambio de paradigma condujo a las leyes de Newton, que a su vez dieron lugar al cálculo y al cálculo de variaciones, transformando por completo el mundo moderno.

Isaac Newton nos dio el cálculo: matemáticas con la precisión de la ingeniería.

Andrew Carnegie nos dio el acero: un metal con la calidad de la ingeniería.

Satoshi Nakamoto nos dio Bitcoin: dinero de alta ingeniería.

Cálculo Acero Bitcoin

Bitcoin fue creado por alguien que entendía de ingeniería, ya que es un sistema de control adaptativo; existe un tiempo de bloque objetivo y un bucle de retroalimentación de primer orden (el ajuste de dificultad). ¿Desde cuándo existen? Toda máquina bien construida tiene un bucle de retroalimentación de primer orden: las máquinas de vapor, los automóviles, los termostatos, los sistemas de misiles balísticos y todos los sistemas de ingeniería eléctrica. Satoshi era un ingeniero de sistemas.

Bitcoin es un sistema de ingeniería, equilibrado y estable. Esto se logra al combinar energía en forma de electricidad con algo termodinámicamente escaso, además de hardware, semiconductores, software y criptografía.

Al unirlo todo en un protocolo abierto, se obtiene algo estable que se propaga de manera exponencial.

CAPÍTULO DIECINUEVE

Capital digital

LA TRANSFORMACIÓN DIGITAL DEL CAPITAL

Para entender Bitcoin, es necesario volver a los principios fundamentales. Grabados en el gran patio del MIT están los nombres de Darwin, Newton, Maxwell, Curie, Arquímedes, Pitágoras y muchos otros matemáticos y científicos a quienes debemos el mundo moderno. La mayor parte del progreso humano se basa en revoluciones energéticas.

Durante los últimos 30 años, hemos transformado vinilos, cintas VHS, fotografías, libros y cartas en información digital. Esto ha transformado un valor enorme. Pero lo cierto es que los próximos 30 años de transformación digital serán un orden de magnitud más importantes que los últimos 30 años. Tenemos dinero analógico, bonos analógicos, bienes inmuebles analógicos, acciones analógicas y arte analógico. El problema con el que siempre hemos luchado es que nuestros principales activos de capital se ven afectados por limitaciones físicas. Estas limitaciones físicas dan lugar a limitaciones políticas, entropía, fragilidad y riesgo. La extraordinaria oportunidad que se nos presenta es la transformación digital del capital. Al día de hoy, **el 0,1 % del capital mundial es digital; el 99,9 % no lo es.** Apenas estamos comenzando este recorrido de transformación.

PRUEBA DE TRABAJO

No se trata solo de la transformación digital de la información, sino de la transformación digital de la energía. Y la mejor manera de lograrlo es con la prueba de trabajo.[1]

La arquitectura de prueba de trabajo de Bitcoin es única porque crea un activo descentralizado, vinculado al mundo físico mediante una minería que utiliza electricidad y silicio. Esto la hace termodinámicamente

[1] Un dato que cumple con ciertos criterios, cuya producción requiere un esfuerzo demostrable (tiempo, energía, etcétera), pero cuya verificación es sencilla.

sólida y la integra en el universo (no solo en el metaverso). Es soberana; puedes custodiarla por tu cuenta. Es igualitaria; el protocolo es abierto. No requiere de permisos y es global; cualquier persona, en cualquier lugar del planeta, puede participar en esta red.

Es la mejor manera de crear capital digital. ¿Y qué tan buena es? Pues bien, representa el 97 % de la capitalización de mercado de todas las criptomonedas de prueba de trabajo que existen hoy en día.

Las 10 principales criptomonedas de prueba de trabajo

#	Nombre	Capitalización de mercado	Dominancia	Desde el máximo histórico
1	Bitcoin (BTC)	$2,073,253,395,496	96.92%	-4%
2	Dogecoin (DOGE)	$35,542,876,368	1.66%	-68%
3	Bitcoin Cash (BCH)	$8,112,725,436	0.38%	-91%
4	Litecoin (LTC)	$7,729,580,184	0.36%	-75%
5	Monero (XMR)	$6,264,989,303	0.29%	-34%
6	Kaspa (KAS)	$3,249,382,008	0.15%	-40%
7	Ethereum Classic (ETC)	$3,087,992,170	0.14%	-88%
8	Bitcoin SV (BSV)	$800,495,675	0.04%	-92%
9	Zcash (ZEC)	$686,932,793	0.03%	-99%
10	Conflux (CFX)	$516,171,158	0.02%	-94%
TOTAL		$2,139,244,540,591	100%	

Fuente: CoinMarketCap.com, filtrado por "PoW", consultado el 13 de Mayo de 2025.

No todos los criptoactivos se basan en la prueba de trabajo; por lo tanto, no todos son capital digital. Bitcoin es el único criptoactivo reconocido como un activo sin emisor por los principales reguladores del mundo. China, Rusia, Singapur, los EAU y Brasil lo reconocen. Esto es lo único en lo que todos están de acuerdo. ¿Por qué? Por la Inmaculada Concepción de Bitcoin. La idea es muy sencilla: **no es el primero, es el único.** Y, sin embargo, nadie que haya intentado copiar a Bitcoin lo ha entendido.

Satoshi creó un sistema, lo regaló y desapareció. No existe ninguna gran empresa cuyo fundador la haya regalado al mundo para luego marcharse. La prueba de que los demás criptoactivos no son una materia prima es que todos argumentan que sí lo son. Satoshi no necesitó discutir con nadie sobre nada. Satoshi simplemente desapareció.

Si algo es una materia prima de verdad, no puede tener un beneficiario. Satoshi renunció al control del protocolo, se desprendió de sus monedas y dejó de intentar influir en la red. Fue un regalo para el mundo.

UNA SOLUCIÓN QUE TODOS PODAMOS ACORDAR

¿Puedes nombrar a una sola persona de confianza con la que estén de acuerdo los ocho mil millones de personas de todos los países? No existe nadie. Pero todo el mundo coincide con el acero.

Cualquiera que estudie ingeniería civil sabe lo difícil que es construir un edificio con piedra o madera. Por eso, cuando apareció el acero, el problema quedó resuelto para toda la humanidad durante los 2.000 años siguientes. De hecho, es una solución tan buena que la ideología política es irrelevante: da igual que uno sea socialista, comunista, fascista, de izquierda o de derecha; todos confían en el acero.

No logramos ponernos de acuerdo sobre una única entidad política o comercial de confianza, pero todos coincidimos en la utilidad de la electricidad, el fuego y el acero. Por eso es irónico que haya empresas que paguen a grupos de presión, académicos y organizaciones sin fines de lucro para desprestigiar a Bitcoin, simplemente porque quieren que confiemos en *su* propia empresa y en su "token". Es obvio que nadie confiará en una empresa privada para emitir nuestro dinero; tiene que ser una **materia prima.**

MATERIA PRIMA VS. TOKEN

Es importante entender la diferencia entre una materia prima digital y un "token" digital. La función de un "token" digital es la creación de capital. Si uno no tiene dinero y quiere montar un negocio, emite un "token" para recaudar capital de sus clientes o inversores.

El caso de uso de una materia prima digital *no* es la creación de capital, sino la preservación y la revalorización del capital. Es para cuando ya se tiene dinero y se quiere conservar durante cien años sin preocupaciones. Eso es lo que no entienden los *altcoiners*. Quien no tiene dinero, no puede comprar Bitcoin.

Los fardos de tabaco, las conchas marinas y las cuentas de vidrio son, todos ellos, productos básicos. No tienen emisor. Pero como dinero son pésimos. El rey de los productos básicos para la preservación de la riqueza a largo plazo ha sido tradicionalmente el oro, porque tiene una mayor relación stock-flujo.[2] Lo que ocurrió fue que el oro desmonetizó a la plata, la plata al cobre, el cobre a las cuentas de vidrio, las cuentas de vidrio a los fardos de tabaco, y los fardos de tabaco a las conchas marinas. Solo se impone el dinero más fuerte, porque nadie quiere quedarse con el segundo mejor.

Hoy en día, la forma más sólida de dinero a largo plazo (es decir, de capital) es el Bitcoin, porque su relación stock-flujo es infinita. Todos los demás activos acabarán intercambiándose por Bitcoin y se desplomarán frente a él. Por lo tanto, no tiene sentido intentar crear otro Bitcoin, porque solo puede haber una red ganadora.

EL CAPITAL DIGITAL ES CAPITAL GLOBAL

¿Qué compraría usted en África si yo le diera cien millones de dólares, con la condición de que tuviera que mantenerlos durante cien años? Me atrevería a decir que no hay nada en todo el continente que prefiriera por sobre el Bitcoin.

Sitúense en Nigeria, Venezuela, Líbano, Siria, Brasil o Argentina... ¿qué querrían comprar? Incluso China tiene controles de capital que limitan la cantidad que se puede sacar del país cada año. ¿Por qué creen que es así? Porque todo el mundo quiere sacar su capital de China, y su moneda se derrumbaría sin esos controles.

Nadie quiere poseer nada que no esté ligado a la red más segura y poderosa del mundo. Por eso, no importa en qué lugar del planeta viva, ya sea rico, de clase media o trabajadora, si tiene un teléfono móvil y quiere una cuenta de ahorros, va a querer Bitcoin.

DE LA MATERIA PRIMA A LA ESCASEZ

"La creación de un activo digital sin un emisor lo convierte en una mercancía digital. Esa es precisamente la innovación."

Las materias primas físicas están sujetas a limitaciones políticas, efectos entrópicos, caos, desorden, fragilidad y riesgo. Bitcoin, en cambio, es

[2] Relación stock/flujo = oferta total existente de un producto básico dividida por el incremento anual de su oferta. Una relación más alta indica una mayor escasez.

global, programable, duradero, divisible y portátil. Podría ofrecerles un discurso lleno de retórica, pero los números no mienten.

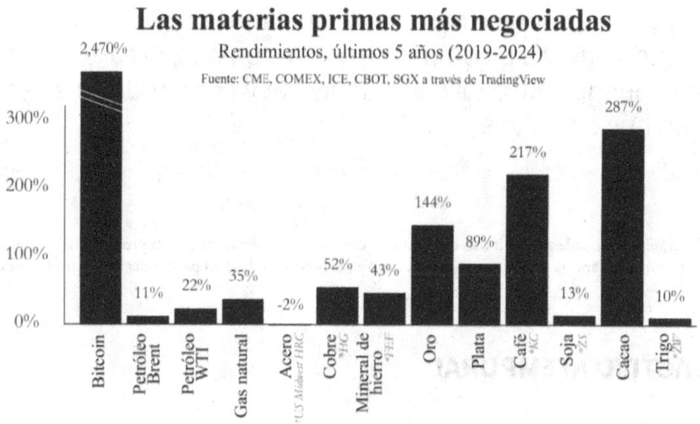

Bitcoin es el primer bien de la historia con una oferta fija, una proeza que solo es posible *porque* existe digitalmente. Todo lo demás es físico y, por tanto, no tiene una oferta fija. Por ejemplo, 100 plataformas petrolíferas pueden producir 100 veces más petróleo que una, pero 100 mineros de Bitcoin no pueden minar más Bitcoin que uno solo. Bitcoin representa una clase de activo totalmente nueva. No es solo un bien digital, sino una *escasez* digital.

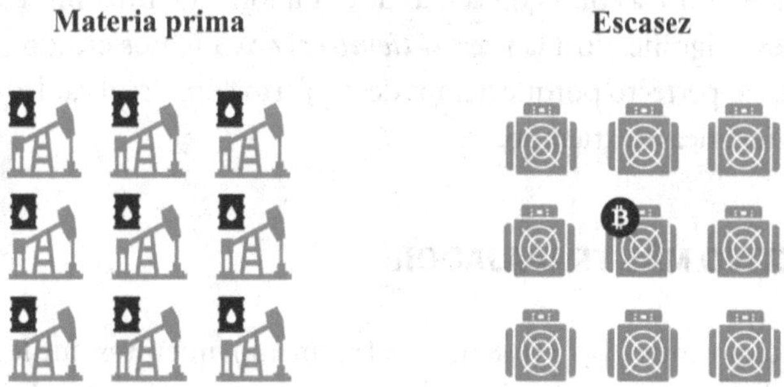

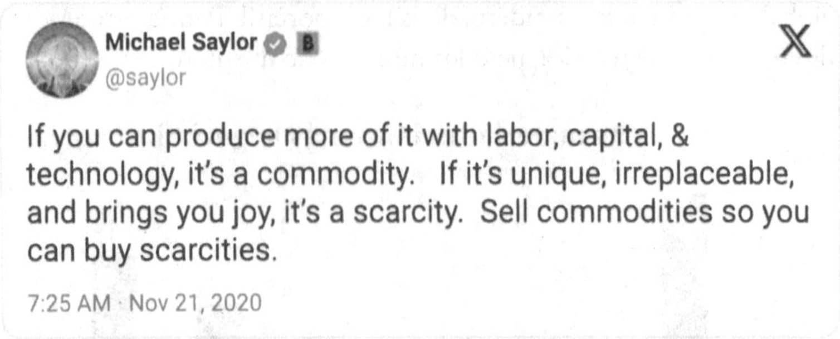
Michael Saylor
@saylor

If you can produce more of it with labor, capital, & technology, it's a commodity. If it's unique, irreplaceable, and brings you joy, it's a scarcity. Sell commodities so you can buy scarcities.

7:25 AM · Nov 21, 2020

Traducción: "Si se puede producir más con mano de obra, capital y tecnología, es un producto básico. Si es único, irreemplazable y te aporta alegría, es un bien escaso. Vende productos básicos para poder comprar bienes escasos."

EL ACTIVO ATEMPORAL

Al analizar la naturaleza del universo, lo único que escasea es el tiempo. Los políticos no pueden crear más, los capitalistas no pueden fabricar más y los bots de inteligencia artificial no pueden generarlo mediante código. El tiempo es la medida definitiva de la escasez.

¿Qué hemos hecho con Bitcoin? Hemos embotellado el tiempo. En esencia, el proceso de prueba de trabajo (implementado mediante la minería) consiste en transformar digitalmente el tiempo en un activo. **Ninguna cantidad de dinero puede comprar más tiempo. Ninguna cantidad de dinero puede crear más Bitcoins.** Aunque te diera cien mil billones de dólares, nunca conseguirás más de 21 millones de Bitcoins. Esto le da un nuevo significado a la frase *el tiempo es oro.* Hemos creado el activo monetario perfecto porque hemos descubierto cómo replicar las ventajas y características del tiempo.

EL ACTIVO MÁS TRABAJADOR

Bitcoin cotiza 24/7 (168 horas a la semana), mientras que los demás activos lo hacen, como mucho, 35 horas, e incluso menos en días festivos. Es el activo más mágico, transparente y trabajador de la historia. Me asombra ver a Bitcoin cotizando un sábado a las 9:30 de la noche. Se podrían liquidar 100 millones de dólares a cualquier hora de cualquier día, asumiendo quizá una reducción de deuda de un 3 %. A todo el mundo debería asombrarle que el sistema no se descontrole. Estamos ante un descubrimiento de precios con un ancho de banda excepcional.

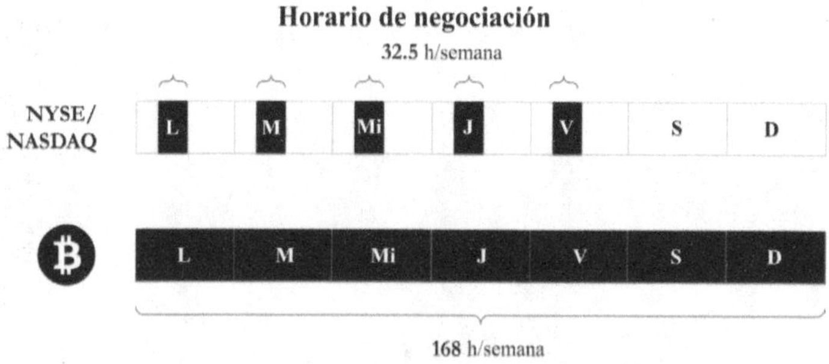

LIQUIDACIÓN DE TRANSACCIONES EN EL SIGLO XXI

El futuro de las liquidaciones es más ágil, más robusto y más inteligente. Los lingotes de oro tardaban un año en liquidarse, por lo que pasamos a las acciones y los bonos, que en los años setenta tardaban una semana. Con el tiempo, logramos reducir ese plazo a un día. Pero ya no queremos las velocidades de los siglos XIX y XX.

Bitcoin se liquida en una hora. Puedo transferir 10.000 millones de dólares a cualquier lugar del planeta en solo una hora. Y esto es solo el principio. **Estamos pasando de *alguien, en algún lugar y en algún momento* a *cualquiera, en cualquier lugar y en cualquier momento.*** Bitcoin es un protocolo abierto, lo que significa que mejorará de forma exponencial. Nos dirigimos a un mundo donde las liquidaciones se harán en T+1 milisegundo.

CAPÍTULO VEINTE

Propiedad digital

CONSTRUIR SOBRE ROCA

El capital digital es una metáfora útil, pero se queda corta. No se puede desarrollar, alquilar ni financiar. Una metáfora más precisa es la de *propiedad digital*.

Una ciudad destinada a perdurar 1000 años necesita cimientos que cedan lo mínimo bajo presión. No es de extrañar que Manhattan, en Nueva York, esté construida sobre un lecho de esquisto increíblemente duro[1]. Si pudieras viajar al pasado y comprar la isla en 1626 por 60 güilders (florines neerlandeses), lo harías. Pero también podrías haber comprado inmuebles allí cada década durante los 400 años siguientes, pagando siempre más que el dueño anterior, y aun así habría sido una buena idea. Y es que es la ciudad más importante de Norteamérica. Todo el mundo quiere hacer negocios allí. El terreno es limitado porque se asienta sobre una roca perfecta. En resumen, nunca ha sido un mal momento para comprar inmuebles en Manhattan.

La clave para enriquecerse es:

1. **comprar una propiedad escasa y deseada, y**
2. **conservarla durante mucho tiempo.**

Puede que no parezca gran cosa pero, al acumularse durante cientos de años, la suma es considerable.

Su familia sería increíblemente rica hoy si hubiera comprado 40 hectáreas de terreno en el corazón de Manhattan hace 100 años. Pero si su familia tiene que pagar las facturas, no le conviene tener que vender su

[1] Una roca metamórfica. El Esquisto de Manhattan se compone principalmente de mica, cuarzo, feldespato y granate.

propiedad. Por el contrario, querrá tener la opción de alquilarla, promoverla (edificar en ella) o hipotecarla (pedir un préstamo usándola como garantía).

El objetivo es poseer una propiedad escasa y deseada, pero que sea **productiva** y que pueda explotarla. Además, no querrá que nadie la dañe, la grave con impuestos o se la robe, por lo que lo ideal es que también sea **defendible**.

PROPIEDAD DIGITAL FRENTE A PROPIEDAD FÍSICA

La propiedad física se crea con excavadoras, acero, vidrio y personas. En cambio, la propiedad digital se mejora con chips y software. No hay costos ni activos fijos; los gastos de mantenimiento se hunden, el riesgo se desvanece y las oportunidades se disparan.

Por ejemplo, para ofrecer una biblioteca a mil millones de personas, hay que talar una gran cantidad de árboles para fabricar muchísimos libros. Si Google quisiera que mil millones de personas tuvieran una biblioteca digital, el costo sería un millón de veces menor, porque el costo marginal se reduce al de la electricidad.

CIBERMANHATTAN

Bitcoin es el Manhattan del mundo digital. Es la ciudad más grande del ciberespacio, compuesta por 21 millones de bloques: 276 de ancho, 276 de largo y unos 276 de profundidad.

$$276^3 = \sim 21,000,000$$

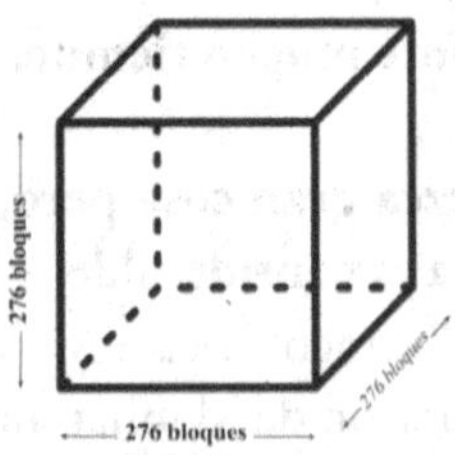

Si te dijera que hay 21 millones de bloques en el ciberespacio, y que solo habrá 21 millones, y llegaras 100 años antes que nadie, te pondrías a comprar manzanas enteras lo más rápido posible. A alguien de Manhattan le cuesta entender esto; viven en la ciudad económicamente más segura del país más poderoso del mundo. Quien posea un apartamento en Manhattan nunca lo vendería, porque cualquier otra cosa sería ir a peor. Pero la propiedad digital se la puedes vender a cualquiera del planeta. También se la puedes alquilar a cualquier persona del planeta, con cualquier frecuencia o duración, y hacerlo más rápido. Eso hace que el mercado potencial de Bitcoin sea entre diez y cien veces mayor que el de la propiedad física.

Michael Saylor
@saylor

For the first time in history we can own property in cyberspace. The greatest city of the 21st century will be built upon 21 million blocks of #bitcoin.

6:01 AM · Feb 15, 2021

Traducción: "Por primera vez en la historia, podemos poseer propiedades en el ciberespacio. La ciudad más grande del siglo XXI se construirá sobre 21 millones de bloques de #bitcoin."

En el mundo moderno, hemos monetizado los metales, los valores, las materias primas y las propiedades. Si cientos de billones de dólares migraran al ciberespacio, Bitcoin desmonetizaría la propiedad física del mismo modo que desmonetizaría el oro: seguirás llevando joyas de oro y necesitando un lugar donde vivir, pero el valor de estas cosas se desplomaría hasta su valor de utilidad, y dejaría de tener una prima monetaria.

CAPÍTULO VEINTIUNO

Energía digital

DE LA ENERGÍA ANÁLOGA A LA DIGITAL

Si almacenara energía como electricidad en una batería, un 2 % se perdería cada mes (~20 % anual). Si envío la electricidad a través de las líneas eléctricas, hay un coste de transacción de un 6 %. Si la muevo diez veces, pierdo la mitad. Esa es la única forma de almacenar energía análoga. Podría convertirla en acero y almacenarla como **energía metálica**, convertirla en petróleo y almacenarla como **energía líquida**, o convertirla en Bitcoin y almacenarla como **energía digital**.

Toda la red de Bitcoin está monetizando energía. Se trata de un protocolo de software que se ejecuta en una máquina y que convierte la electricidad (de cualquier fuente de energía y en cualquier lugar de la Tierra) en una materia prima digital. Los costes son el hardware de minería, las instalaciones y la ingeniería necesaria para ponerlo todo en marcha. Una vez generado el Bitcoin, se obtiene un bloque de energía digital que se puede conservar durante 1.000 años, ya que la inflación es nula. Además, se puede mover 1.000 veces con una pérdida mínima, ya que la comisión por transacción es prácticamente insignificante al utilizar la red Lightning.[1]

¿Cómo es Bitcoin energía digital y cómo se vuelve a convertir en energía real? La respuesta es la siguiente: envío un bloque de Bitcoin de mil millones de dólares a Tokio, lo paso por un *exchange* y lo convierto de nuevo en yenes. Tomo los yenes y le compro electricidad a la Tokyo Power Company. ¿Y cuándo hago eso? Cuando quiera. Mientras una civilización pueda producir energía eléctrica, puedo cambiar mi energía digital por energía política (moneda *fiat*) y mi energía política por energía análoga (electricidad). O bien, si quisiera energía metálica, compraría acero. Y, para tener energía líquida, compraría petróleo.

---

[1]Un protocolo de igual a igual que funciona sobre el protocolo de Bitcoin. Permite realizar micropagos de Bitcoin instantáneos y casi gratuitos a gran escala, sin renunciar a la autocustodia.

Satoshi descubrió la energía digital, que se puede programar en una computadora y canalizar a través del tiempo y el espacio. Esto significa que ahora puedo almacenar el equivalente a mil millones de dólares en algo valioso, moverlo entre Nueva York y Tokio 60 veces por segundo, o conservarlo durante mil años en el ciberespacio sin temor a la dilución o el deterioro.

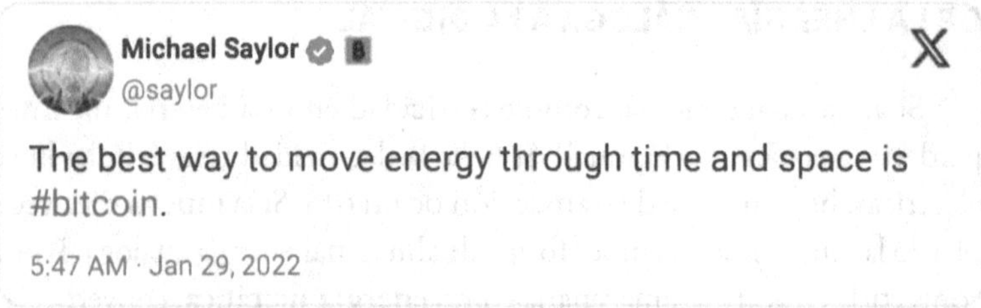
Michael Saylor
@saylor
X
The best way to move energy through time and space is #bitcoin.
5:47 AM · Jan 29, 2022

Traducción: "La mejor forma de mover energía a través del tiempo y el espacio es #bitcoin."

ENERGÍA ANALÓGICA VS. DIGITAL

Cuando empecé a estudiar la minería de Bitcoin, me fascinaron las comparaciones generales entre energía y potencia. Si la energía se entiende como la capacidad de realizar un trabajo, la potencia es una medida de la energía a lo largo del tiempo. Entonces, Bitcoin es energía digital y la minería de Bitcoin es potencia digital (energía digital a lo largo del tiempo). Sin la minería, es solo potencia analógica, lo cual no es tan impresionante.

La minería de Bitcoin utiliza el algoritmo SHA-256.[2]. Esa elección de software dio forma al hardware que le prosiguió: el código genético estaba establecido. Los mineros de Bitcoin no utilizan CPU de uso general, sino chips diseñados específicamente para este fin, los ASIC (circuitos integrados de aplicación específica), optimizados para una sola tarea. Asegurar una red descentralizada que crea un activo sin emisor requiere una forma de energía propia, derivada únicamente de hardware dedicado.

Podrías controlar todas las centrales hidroeléctricas del mundo, pero si no canalizas esa energía en potencia digital, no protegerás tu red digital.

[2] Una función de hash criptográfica que toma una entrada de cualquier longitud y produce una salida de tamaño fijo de 256 bits (32 bytes). Es computacionalmente inviable revertir el hash para obtener la entrada original.

Así que, en última instancia, todo se reduce a la capacidad de generar un tipo de energía específica.

Si quiero proteger mi patrimonio durante 10.000 años, necesitaré un protocolo inmortal que mantenga su integridad. La única forma de garantizarlo es alimentarlo continuamente con energía y recursos, lo que le permitirá resistir ataques. **Solemos concebir la seguridad como la acción de evitar ataques, pero su verdadero significado es ser *imposible* de atacar.**

Bitcoin se protege con energía digital.

UN MURO DE ENERGÍA DIGITAL[3]

La unidad de medida de la potencia en el ciberespacio es el **exahash** (un trillón de hashes por segundo). La única forma de generar un hash[4] es convirtiendo la energía analógica en electricidad y combinándola con potencia de cálculo. Se introduce electricidad por un extremo y por el otro sale un hash.

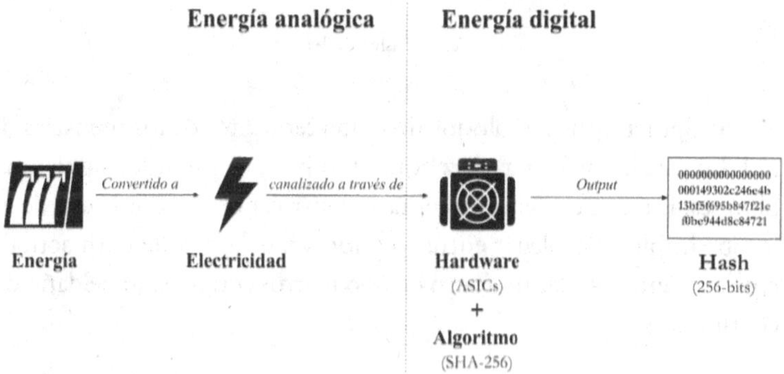

En conjunto, todos los mineros del mundo generan una tasa de hash de la red (número de hashes calculados por segundo). La red Bitcoin funciona a 900 exahashes en 2025, lo que equivale a unos 50.000 millones

[3] Valores en dólares actualizados por el editor de 2022 a 2025.

[4] Cadena de caracteres de longitud fija generada por una función de hash criptográfica, como SHA-256, al introducir datos (por ejemplo, texto, archivos o la cabecera de un bloque de bitcoin). Es análoga a una huella dactilar: única para los datos introducidos, compacta e irreversible.

de dólares en equipos informáticos. Se trata de una inversión de capital de, aproximadamente, unos 50.000 millones de dólares en capacidad de cómputo, a lo que hay que sumar el costo del consumo energético. A seis centavos por kilovatio-hora (kWh), son 12.500 millones de dólares al año, y a diez centavos por kWh, son 21.000 millones de dólares anuales de electricidad. Eso es lo que cuesta hacer funcionar la red hoy en día. Pero eso no es lo que cuesta *atacar* la red.

Tasa de hash de la red Bitcoin

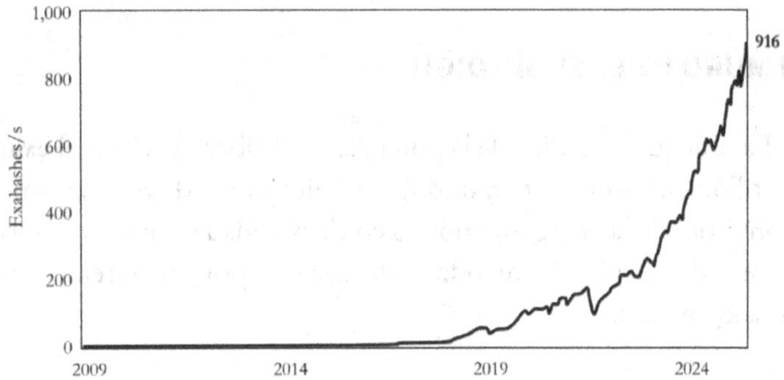

Fuente: hashrateindex.com

Si alguien quisiera bloquear o interceptar todos los mensajes de la red durante las próximas diez horas, tendría que ganar los siguientes 60 bloques. Estadísticamente, necesitaría controlar un 98 % de la tasa de hash, lo que implica desplegar entre 50 y 100 veces la tasa de hash actual. Es como intentar escalar un muro de 600 metros con un solo peldaño de 30 centímetros.

Traducción: "#Bitcoin se está fortaleciendo tras un muro de energía encriptada."

CAPÍTULO VEINTIDÓS

Defensa digital

LA MEJOR DEFENSA

Hay tres formas principales de entender Bitcoin: como propiedad digital, capital digital y energía digital.

Como propiedad digital, es un bloque de propiedad en el ciberespacio de 2 billones de dólares cuya oferta nadie puede aumentar. Como capital digital, está protegiendo 2 billones de dólares de riqueza durante 100 años, sin riesgo de contraparte. Como energía digital, está digitalizando 2 billones de dólares de energía analógica, conservándola indefinidamente en la red sin pérdida de energía. Pero queda una última metáfora por explorar: Bitcoin como **sistema de defensa digital**.

> *"En los últimos 3.421 años de historia documentada, solo 268 han estado libres de guerras. Las causas de la guerra son las mismas que las causas de la competencia entre individuos: la codicia, la agresividad y el orgullo; el deseo de comida, tierra, materiales, combustibles, dominio."*
>
> —WILL & ARIEL DURANT (*The Lessons of History*)

La Gran Muralla china fue un sistema de defensa. Se trata de una estructura de piedra fortificada, construida para impedir la entrada de invasores. Su creación, mantenimiento y vigilancia fueron muy costosos y requirieron una enorme cantidad de trabajo. Pero era una defensa frágil, debido a su naturaleza estática. Los mongoles consiguieron atacar y explotar sus puntos débiles, derrotando a varias dinastías y conquistando gran parte de China.

Ahora bien, podemos pensar en el padre de Alejandro Magno, Filipo II de Macedonia, quien dijo: "¡Ninguna ciudadela es impenetrable mientras tenga un camino lo suficientemente ancho para mí y un burro con una olla de oro a la espalda!". Lo que quería decir era que no importa lo fuertes que sean tus defensas si puedo sobornar al guardián de la puerta.

El tercer ejemplo en la historia moderna es la Línea Maginot, un formidable sistema defensivo compuesto por fortificaciones, búnkeres y puestos de artillería, construido por los franceses en la década de 1930 para disuadir una invasión alemana. Pero los alemanes lo eludieron invadiendo a través de Bélgica y las Ardenas. ¡Lo hackearon!

En resumen, cuando se piensa en la historia militar, una de las lecciones clave es que la mejor defensa es un buen ataque (es decir, una defensa *activa*). La mejor defensa de un boxeador es moverse más rápido y golpear más fuerte, ¡para que no le puedan pegar! Se trata de una adaptación continua: asimilar las capacidades y reacciones del enemigo, ¡y luego usarlas en su contra!

DEFENDIENDO EL CIBERESPACIO

La historia no es más que un largo relato de una guerra tras otra. Hemos visto cómo la guerra se ha desplazado de la tierra al mar, al aire, al espacio y, ahora, al ciberespacio.

La evolución de la guerra

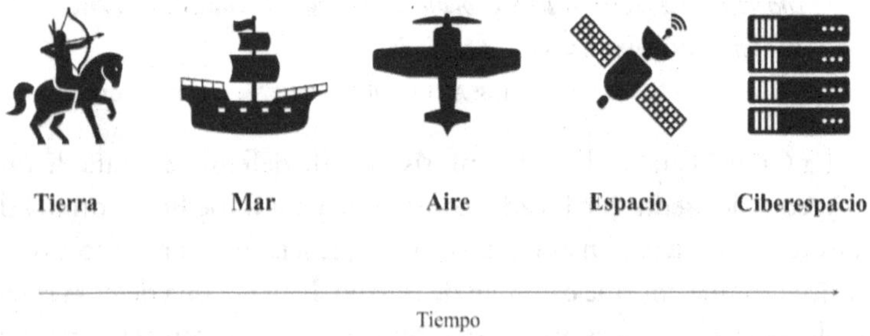

Para ser una superpotencia en cualquier momento de los últimos mil años, era necesario controlar las rutas marítimas, que son esenciales para el comercio y la defensa. Los cartagineses lo entendieron, motivo por el cual los romanos los destruyeron durante las guerras púnicas. Japón también aprendió esta lección en la Segunda Guerra Mundial, cuando el corte de sus rutas marítimas asfixió su economía. Mantener la potencia marítima requiere bases navales y buques idóneos. Puedes gobernar la ciudad de Nueva York, pero si pierdes el control del espacio aéreo y las rutas marítimas que la rodean, no la conservarás por mucho tiempo.

De igual manera, una nación soberana no puede sobrevivir hoy en día sin el control de su espacio aéreo, su espacio exterior y su ciberespacio. En la primera guerra del Golfo, Estados Unidos lo demostró al tomar el control del espacio aéreo iraquí, paralizando al país por completo en una semana. Proteger el espacio aéreo requiere bases aéreas con aviones militares, esta defensa continuará evolucionando a medida que los drones se vuelvan cada vez más sofisticados.

> *"Como dice la Biblia, Dios lucha del lado de la artillería más pesada".*
>
> —ROBERT A. HEINLEIN (*The Moon Is a Harsh Mistress*)

El ciberespacio es igual de vital. Una superpotencia debe mantener abiertos sus canales cibernéticos. Esto significa canales de comunicación para mover información digital *y* energía digital. No se trata solo de moverla entre Nueva York y Tokio. Si Estados Unidos perdiera el control de su ciberespacio, la información y la energía ni siquiera podrían moverse entre Nueva York y Chicago. Imagina el caos si un enemigo se hiciera con el control de tu ciberespacio y no pudieras iniciar sesión en tu cuenta bancaria. Pierdes por completo toda tu economía digital.

Si vas a librar una ciberguerra, tus sistemas no pueden dejar de funcionar. Pero hay algo peor: que todos tus sistemas empiecen a funcionar en tu contra. Es algo parecido a una enfermedad autoinmune, en la que el propio cuerpo se ataca a sí mismo. En el ámbito político, esto es lo que sucede cuando un gobierno vuelve sus armas contra su propio pueblo. Por lo tanto, un mecanismo de ciberdefensa debe basarse en un sistema digital criptográficamente seguro, defendido por poder bruto.

LA GRAN MURALLA DE LOS MINEROS

Bitcoin es la culminación de 40 años de reflexión sobre criptografía, descentralización, poder y energía. Si se quiere crear un sistema que no pueda ser corrompido, censurado, alterado o hackeado por otro ordenador o una IA, se necesita poder bruto combinado con criptografía: una muralla de energía cifrada.

Hoy en día, en su manifestación actual, Bitcoin es el mayor ejemplo de una red cibernética estable defendida por poder bruto. Puede considerarse un sistema de ciberdefensa. Al igual que un sistema de defensa antimisiles, los mineros de Bitcoin (que utilizan ASICs) crean una muralla de energía digital para proteger el ciberespacio. La red de mineros de Bitcoin es, en esencia, la *red de seguridad de Bitcoin*. Para ser una superpotencia cibernética, es necesario controlar más de la mitad de este poder, ya sea directamente o a través de aliados. La verdadera propiedad del ciberespacio no solo significa poseer el activo (Bitcoin), sino también dominar la red de energía digital que fluye alrededor del mundo.

A PRUEBA DE IA

La inteligencia artificial (IA) está revolucionando nuestro mundo. Las IA son más inteligentes que nosotros, pueden pensar más rápido y se comunican fluidamente entre ellas.

Esta inteligencia digital requiere energía digital, protegida por poder digital, para impulsar el futuro del comercio. Y con esto no me refiero solo a la compra de baratijas en Amazon, sino al movimiento y la seguridad de los 900 billones de dólares (y creciendo) de riqueza mundial.

Para construir la economía más avanzada, los coches deben conducirse solos, los robots deben pensar por sí mismos y las fábricas deben funcionar de forma autónoma. Sin embargo, esta transformación plantea graves problemas de seguridad. Al evaluar los sistemas de ciberseguridad, la pregunta clave es: ¿cuánta energía se necesita para que sean vulnerables?

Las inteligencias artificiales pueden vulnerar los sistemas basados en el **intelecto humano** imitando a las personas con una precisión alarmante; imagina que un familiar recibe una videollamada de alguien que se ve, actúa y suena exactamente como tú, pidiendo ayuda con urgencia. La mayoría caería en la trampa. Las grandes empresas tecnológicas y los bancos también son vulnerables: basta con engañar a unos pocos empleados clave mediante *phishing* o suplantación de identidad para desmantelar sus defensas.

La **virtud humana** es una base igual de poco fiable para la seguridad, ya que se puede coaccionar a las personas mediante órdenes judiciales, encarcelamiento por intereses estatales o chantaje.

Por el contrario, Bitcoin está fortificado por un muro de 900 exahashes de energía cifrada y protegido por su red de mineros. Las inteligencias artificiales pueden engañar a los humanos suplantando su identidad, pero no pueden penetrar tal nivel de potencia bruta.

De todos los sistemas, Bitcoin es el único considerado verdaderamente seguro. Y como nadie se conforma con menos, **en materia de seguridad, no existe un "segundo mejor".**

RESISTENTE AL ESTADO-NACIÓN

Del mismo modo que un muro físico, un muro de energía cifrada defiende frente a las tres cosas de las que disponen la mayoría de los estados-nación: moneda convencional (*fíat*), energía convencional y poder de cómputo convencional.

Algunos estados-nación, aunque no todos, pueden imprimir 100.000 millones de dólares en **moneda convencional**. Un sistema realmente seguro no se basa en este tipo de moneda. La moneda convencional no sirve para atacar una red de prueba de trabajo como Bitcoin, pero sí para una de prueba de participación. Si tu red está protegida por 10.000 millones de dólares en tu propio token y este se puede adquirir en el mercado, me es fácil generar otros 10.000 millones de la nada. La moneda convencional también puede usarse para atacar una red centralizada o cualquier red propietaria: basta con coaccionar, sobornar e incentivar el resultado que se desea.

La **energía convencional** tampoco sirve para atacar la red Bitcoin, ya que debe modularse a través de los mineros ASIC. Se necesitarían 2.000 veces más energía convencional que la energía propietaria de la red. Eso equivale a toda la energía del planeta; es sencillamente inviable.

Por último, está el **poder de cómputo convencional.** Aun si reunieras *todo* el de la Tierra y una cantidad infinita de moneda convencional para alquilar *todos* los nodos de CPU de AWS, te haría falta el equivalente a tres planetas y medio. La única forma de atacar la red es entrar en el juego a largo plazo: tienes que minar Bitcoin con ASICs que son cada vez más eficientes. **Es una carrera armamentista.**

Si quiere invertir una década y miles de millones de dólares para intentar entrar, puede hacerlo. No será ni barato ni sigiloso, no hay trucos ni atajos. No puede reutilizar ningún hardware existente; debe comprometerse a usar equipos especializados, y todo el mundo se enterará. Un secreto de esa magnitud no permanece oculto por mucho tiempo. Ningún actor privado puede permitirse subvencionarlo. Pero cualquier actor privado puede minar Bitcoin y apoyar la red.

En teoría, una nación-estado hostil que quisiera atacar a Bitcoin podría imprimir miles de millones de dólares para desarrollar mineros y crear instalaciones de minería. Pero el enemigo estará a las puertas durante una década. Y en algún momento entre el segundo y el octavo año, ya habremos decidido qué hacer. Quizá la solución sea inutilizar todos los ASIC y migrar la red. Pero, por supuesto, ¿qué gobierno conocido querría pasarse una década fracasando en su intento de atacar algo? Es mucho más probable que, para entonces, ya haya convencido a todo el mundo en ese gobierno para que apoye a Bitcoin.

Pregúntese: ¿cuántos países del mundo preferirían tener 100.000 millones de dólares en vez de gastarlos en atacar a Bitcoin durante los próximos diez años? ¡La lista es muy corta! Bitcoin es, sencillamente, la red de ciberseguridad mejor concebida.

UN ENJAMBRE DE AVISPAS CIBERNÉTICAS

A menudo me he referido al Bitcoin como un enjambre de avispas cibernéticas, y la gente piensa que es solo una metáfora bonita. Pero para mí, es literalmente un enjambre de avispas cibernéticas que se vuelven cada vez más fuertes, más rápidas, más poderosas... y si intentas detenerlas, te devoran.

Bitcoin se compone de varios elementos: software, hardware, instalaciones y ámbitos geopolíticos. Son personas las que construyen ese hardware, ejecutan el software y operan esas instalaciones. También actúan en los ámbitos político y económico. La gente mejora continuamente las carteras de software y de hardware, los "exchanges", los clientes de software, los ASIC y los "pools" de minería. Negocian con gobiernos de todo el mundo para conseguir una mejor infraestructura eléctrica y un trato regulatorio más favorable. Promocionan Bitcoin mediante contenido educativo en YouTube, X y pódcast. También crean modelos financieros y tesis de inversión.

La antifragilidad del Bitcoin proviene del hecho de que todos los integrantes del ecosistema sienten el mismo dolor. Si el Bitcoin es hackeado y se va a cero, todos los bitcoineros pierden la energía de su vida. Los bitcoiners somos como una colmena, integrados entre nosotros. Cuando llega el dolor, esa información se propaga rápidamente por todo el ecosistema.

Si consideramos amenazas para Bitcoin como la computación cuántica, siempre me dan ganas de decir: "¡Claro! ¿Y qué pasaría si un asteroide choca contra la Tierra y nos mata a todos?". Hay muchas ideas absurdas que giran en torno a un villano con un arma de un poder inimaginable que decide usarla contra Bitcoin. Una forma más constructiva de verlo es la siguiente: si alguien construye un ordenador el doble de rápido que los actuales, el uso más rentable es minar Bitcoin. Si alguien desarrolla un hardware que genere "hashes" SHA-256 más rápido que los equipos de minería actuales, lo más lucrativo que se puede hacer con él es conectarlo a la red y aportar más "hash rate". ¿Quién creen que se dará cuenta primero? ¿La gente con miles de millones en capital invertido o alguien que no se juega nada?

¿Y si un ordenador se vuelve tan potente que puede vulnerar el SHA-256? ¿Quién creen que lo notará primero? ¿Gente con dos billones de dólares en juego o alguien que solo quiere resolver el problema para desestabilizar el mundo? Sencillamente, migraremos a SHA-512. Cualquiera que haya estudiado informática sabe que se empieza por 16, se pasa a 32, 64, 128, 256, 512, 1024, y así sucesivamente. Cuando vulneren ese, pasaremos a otro algoritmo.

CAPÍTULO VEINTITRÉS

Cripto

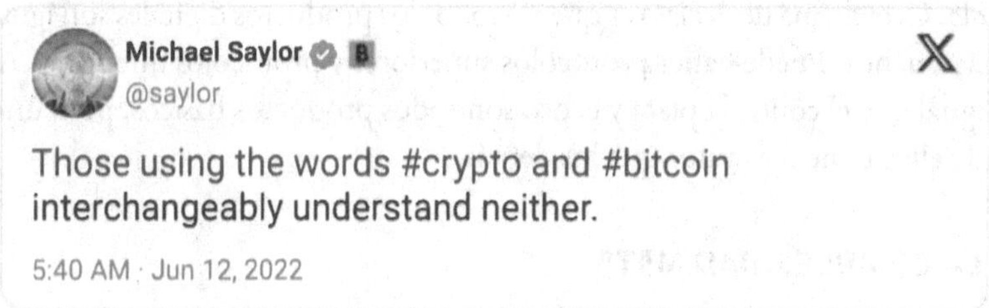

Traducción: "Quienes utilizan indistintamente los términos #cripto y #bitcoin no entienden ninguno de los dos."

UN BITCOIN "MEJOR"

La nueva generación cree que puede hacerlo mejor: "Yo podría dirigir mejor esa empresa. Podría construir mejor ese producto. Si tan solo estuviera al frente de la ciudad, de la liga de fútbol, del departamento de marketing, etc.".

Lo que no ven es que padecen el sesgo del inventor: la ilusión de que algo es magnífico y un millón de veces mejor por el simple hecho de que es idea *suya*. Son ignorantes, y no comprenden todas las formas en que no será mejor una vez que se ponga en práctica.

Reduzcámoslo todo a una idea: la filosofía de las criptomonedas, bien entendida, es la creación de una mercancía digital sin emisor. Y eso lo ha logrado Bitcoin.

No se puede tener un director ejecutivo o un equipo directivo que se quede con un 20 % de la oferta, que controle el protocolo y llamarlo mercancía. La genialidad de Satoshi fue crear una mercancía digital sin emisor, pero el protocolo es lo que la hace escasa. Supongamos que hiciste un fork de Bitcoin, lo diste al mundo y desapareciste, pero cambiaste el código para eliminar los halvings.[1] Lo que queda es una materia prima, pero no es un bien escaso. Sin los halvings, simplemente seguiría inflándose para siempre y no sería dinero fuerte.

Se podría crear un clon de Bitcoin también limitado a 21 millones de unidades, pero con algún cambio menor; quizás el ajuste de dificultad se realiza cada cuatro semanas en lugar de cada dos. Seguiría teniendo una oferta fija, pero sería una red y un protocolo diferentes. ¿Sería uno mejor que el otro? Es como los organismos unicelulares: dos bacterias pueden parecernos idénticas, pero una vence a la otra en la lucha por la supervivencia. Otra forma de decirlo es que no todos los productos digitales son igual de buenos. Puede haber protocolos superiores y protocolos inferiores. Al igual que el cobre, la plata y el oro son todos productos básicos, pero uno de ellos tiene más valor que los demás.

LA COMPLEJIDAD MATA

No hace falta ser un genio (y yo soy ingeniero aeroespacial) para darse cuenta de que cuando se complica algo (por ejemplo, el *software*), más cosas pueden fallar y la superficie de ataque es mayor. Todos en la comunidad de Bitcoin entienden esto.

Los mineros de Bitcoin usan circuitos integrados de aplicación específica (ASIC): chips de propósito especial que solo hacen una cosa: generar *hashes*. Y usan monederos de *hardware*, dispositivos especializados que solo hacen una cosa: almacenar una clave privada sin conexión para permitir la firma segura de transacciones. Si alguien dijera: "Bueno, quiero usar Amazon Web Services (AWS) y mi iPhone", le responderían: "¡Demasiadas superficies de ataque!".

La lección más importante que aprendimos en el MIT fue la importancia de la simplicidad; la complejidad mata. Demasiadas piezas móviles implican que algo terminará por quebrarse. Hazlo lo más simple posible. Esto se aplica en el ámbito militar. En sistemas de importancia crítica, donde hay vidas en juego, es preferible optar por la solución de tecnología sencilla que puedas comprobar por ti mismo. No quiero un software complejo con millones de líneas de código que me diga que algo es estable;

[1] Reducción programada del 50 % en la cantidad de bitcoines acuñados con cada bloque, la cual se produce cada 210 000 bloques. Esta característica del protocolo da como resultado un límite de emisión final que se espera alcanzar en torno al año 2140.

quiero probarlo yo mismo. Cuando un software conduce un coche o controla un avión, un fallo puede ser catastrófico.

Pensemos en el Boeing 737, uno de los aviones más seguros jamás construidos. Diseñado en la década de 1960, ha volado de forma fiable desde entonces. ¿Por qué su variante MAX 8 comenzó a caer del cielo 50 años después? Porque unos ingenieros con buenas intenciones quisieron mejorarla. Y así, lo "mejoraron" escribiendo un software para compensar el error humano. Los ingenieros asumieron que su sistema podía ser más inteligente que los pilotos. Sobredimensionaron el software, lo que provocó dos accidentes del MAX 8, en los que murieron todos los pasajeros. Si no hubieran hecho nada, los pilotos se las habrían arreglado sin problemas. Ese es el argumento a favor de la simplicidad: **"mantenlo simple, estúpido".**

INDESTRUCTIBLE POR ENCIMA DE TODO

En lo que respecta a las criptomonedas, es genial que haya tanta innovación y experimentación. Un observador externo piensa: "¿Y si todo el mundo saca su dinero de Bitcoin y lo pone en otro sitio?". La forma sencilla de rebatir esa idea es decir: "Esta es una red cripto de prueba de trabajo diseñada para ser una reserva de valor, y lo único que vamos a hacer es mantenerla. Invertiremos enormes cantidades de energía para proteger y actualizar la red. Así que puedes sacar tus 500 millones de dólares del banco y guardarlos en nuestra red".

Tomemos el ejemplo de un superhéroe. No tiene por qué ser el más grande ni el más rápido. Solo tiene que ser invencible. Porque, entonces, todo lo demás se puede aprender o agregar. Puedo encontrar la manera de desarrollar cualquier otro superpoder, sea como sea, lo que me hace antifrágil. ¡Ahora soy imparable!

Lo mismo ocurre con un protocolo de software abierto. No tiene por qué ser el más brillante. ¡Lo importante es que no se rompa! Todas las demás características (privacidad, velocidad, etc.) son interesantes, pero palidecen en comparación con la indestructibilidad. Eso es lo que lo convierte en *el* ganador. Se convierte en la red más poderosa que existe porque alguien programará una extensión para darle cualquier otro superpoder que se desee.

Tiempo de actividad de la red Bitcoin

Últimos 10 años (2015-2024)

2015	2016	2017	2018	2019	2020	2021	2022	2023	2024
100%	100%	100%	100%	100%	100%	100%	100%	100%	100%

Fuente: BitcoinUptime.org

INMUTABLE

> *"La naturaleza del Bitcoin es tal que, una vez lanzada la versión 0.1, el diseño básico quedó fijado de forma definitiva para el resto de su vida".*
>
> —SATOSHI NAKAMOTO

¿Cuál es la diferencia entre los conceptos de "cambiar" y "corromper"? ¿En qué momento se corrompe algo en lugar de simplemente cambiarlo? **La mayoría de los problemas del mundo surgen porque personas con buenas intenciones cambian las cosas.** La capacidad misma de cambiarlas las corrompe, *ese es el problema*. No quiero oír que tienes una nueva idea, que te molestan las comisiones por transacción o que quieres implementar contratos inteligentes y necesitas cambiarlo todo. Quiero oír que defenderás la red a muerte contra cualquiera que intente romperla o comprometerla de cualquier manera, forma o modo.

Por ejemplo, tomemos otra materia prima: el acero. **¿Por qué el acero es una materia prima? Porque cuando se descubrió cómo fabricarlo, la receta se liberó al universo y ya no hubo vuelta atrás.** Es una función unidireccional: la creas, la liberas, y hasta tu peor enemigo puede construir con ella. Bitcoin ya ha sido puesto a prueba en el campo de batalla y ha resistido innumerables ataques. Ver a la comunidad defenderlo incansablemente le da a alguien como yo la confianza para invertir miles de millones de dólares.

EL SOFTWARE COMO ADN

La madre naturaleza nos ha dado millones de criaturas: arañas, peces, águilas, seres humanos, etc. Su ADN está diferenciado y cada una es buena para algo en específico. Liberas a la criatura y dejas que se convierta en la mejor versión de sí misma. No juegas con ella. Porque si lo haces, es como si empezaras de nuevo.

Cuando creas una criptomoneda, estás creando una forma de vida de *software* y liberándola en el ciberespacio. No es lo mismo que desarrollar una aplicación centralizada. Estás codificando el ADN y dejándolo libre. No puedes seguir haciéndole modificaciones. Si es verdaderamente descentralizada, no puede ser posible recuperarla cinco años después para cambiarle el corazón, añadirle más piernas y actualizar la funcionalidad de los ojos. El arquitecto debe diseñar el protocolo desde el principio, porque un protocolo para aplicaciones descentralizadas no será el mismo que uno para el capital digital.

MERCANCÍA VS. VALOR

El director ejecutivo de una empresa de *software* con una participación de control, como Mark Zuckerberg, podría decir: "¡He decidido cambiar el funcionamiento del algoritmo, y o se hace a mi manera o no hay trato!". Pero se trata de un valor, y tienes que rendir cuentas a los accionistas.

Si promocionas tu criptored como una mercancía, nadie debería tener el poder de dictar el rumbo a seguir. El hecho de que tengas una hoja de ruta y el poder para implementarla la convierte en un valor. Imponer tus opiniones a los poseedores de los activos no parece que sea un consenso. Imponérselas a los mineros, tampoco. Los mineros de Ethereum, por ejemplo, nunca habrían votado por pasarse a la prueba de participación.

Si un pequeño grupo de desarrolladores de *software* puede decidir si otros ganan o pierden dinero, ¿no podrían, en teoría, decidir que nunca puedas retirar tus tokens del *staking*? Podrían hacerlo. ¿Y qué podrías hacer al respecto? En ese caso, ¿cuánto valdría tu token? ¡Nada! Este es un ejemplo clásico de un pequeño grupo que juega a ser Dios. Esto no se soluciona diciendo: "Vamos a someterlo a votación". Si lo hicieras, sería una votación de accionistas. Las empresas celebran votaciones. Es un valor.

Creas una mercancía cuando haces algo que nadie puede cambiar de forma razonable sin un consenso universal y abrumador. ¿Quieres cambiar algo? Si no actualizo mi nodo, no puedes obligarme a cambiar nada. Puedes hacer una bifurcación, es decir, separarte y seguir tu propio camino, no puedes obligarme a seguirte. Eso es lo que define a una mercancía: la ausencia de un control centralizado.

Conocemos la estructura de recompensas de la minería de Bitcoin para los próximos 120 años. Tenemos un algoritmo para determinar las comisiones por transacción durante los próximos mil años. Lo sabíamos desde el 3 de enero de 2009, y no ha cambiado. Ese es el protocolo monetario de Bitcoin: con un tope de 21 millones.

EL GANADOR SE LLEVA TODO

La vida no es justa, y la economía mundial tampoco lo es. Si ganas, ganas. De lo contrario, acabas aplastado poco a poco. Esta es una observación reveladora: **si vas a invertir y a apostar por una idea, más vale que sea la mejor, porque la segunda mejor no vale nada.**

A medida que otros criptoactivos fracasen por la competencia, la regulación, la entropía, la seguridad o la complejidad, la gente los abandonará. Todos los usuarios y el capital del ecosistema "cripto" fluirán hacia la red más creíble, segura y legítima: Bitcoin.

LOS TRES RIESGOS DE LA PRUEBA DE PARTICIPACIÓN

Para resolver los problemas reales del mundo (como tener agua potable, alimentos nutritivos o un entorno confortable), hay que construir máquinas, manipular la materia y la energía.

El principal problema de todas las criptomonedas que no se basan en la energía es que son solamente programas de software. Si solo se escribe software, lo único que se puede hacer es mejorar circunstancias *virtuales*.

Se está creando una máquina virtual para mover fichas imaginarias con las que alcanzar un objetivo imaginario y fabricar una felicidad imaginaria. Y con ello, **uno queda atrapado en el metaverso**. Si estuviéramos conectados por cables en cubículos, inmóviles, alimentados por un tubo y viviendo en nuestra mente, entonces uno, tal vez, se centraría en ese metaverso. ¡Pero eso es, literalmente, la Matrix! Se pueden escribir mil millones de programas de software, pero jamás darán de comer a nadie.

Cuando se elimina el componente energético de una red de criptomonedas, se introduce un peligro económico, técnico y moral.

1. **Riesgo Económico**

   Una vez que se cambia a la prueba de participación, se está ejecutando un hardware genérico utilizando energía imaginaria. Cuando la energía desaparece de la ecuación, es fácil crear 10.000 redes imitadoras.

   ¿Cuántos equipos de ocho programadores pueden copiar, pegar y poner en marcha un nodo de AWS? **Ahora hay millones de criptotokens**. Todos se canibalizan la prima monetaria entre ellos. **No hay forma de que puedan conservar valor, porque no hay escasez una vez que se elimina el componente energético.** Así que, simplemente se convierte en un juego de marketing. Son comparables a las fichas de casino o a los cupones en el sentido de que el valor que se puede crear en una red de cupones o en una red de valores es limitado, lo que supone dos órdenes de magnitud menos que una red monetaria.

Comparación de mercados potenciales

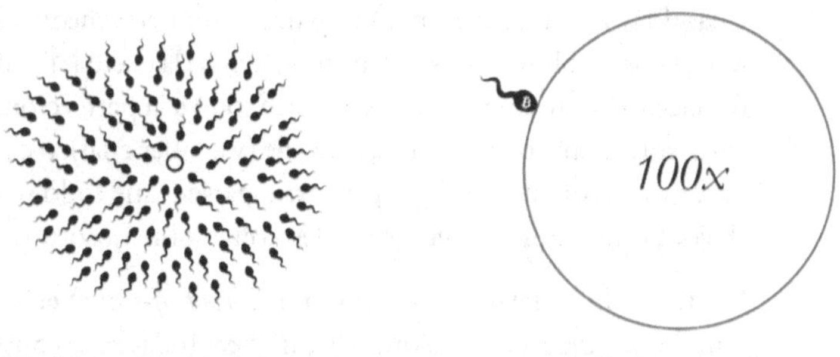

Red de cupones/valores
Prueba de participación

Red monetaria
Prueba de trabajo

2. **Riesgo Técnico**

El riesgo técnico de *no* usar hardware con electricidad es que te ves obligado a crear un mundo virtual. En un mundo virtual, hay que escribir software para controlar parámetros como la velocidad de la luz, la velocidad del sonido, la disipación del calor, la gravedad y los coeficientes de los materiales. Usted se encuentra, literalmente, jugando a ser Dios. Hay que simular todo lo que alguien pudiera querer hacer. Para un pequeño grupo de ingenieros no es fácil duplicar lo que el universo ha desarrollado en los últimos cuatro mil millones de años. **Esto crea un código complicado, lo que resulta en una gran superficie de ataque** (amenazas de seguridad).

Desde la perspectiva del mantenimiento, también se acumula mucha deuda técnica. Lo sé por experiencia, tras haber dirigido una empresa y supervisado el mismo software durante treinta años. Empezamos a programarlo en 1993. Les aseguro que, para cuando se alcanza la decimotercera versión y se está con la sexta generación de ingenieros, **cada vez que se añade una función nueva, se estropean otras dos que ya existían**. Uno se ve obligado a dar marcha atrás y rediseñar por completo la arquitectura del sistema para poder progresar. Se acaba dedicando tanto tiempo a solucionar regresiones y a saldar la deuda técnica como al desarrollo de nuevas funciones, tareas que resultan extraordinariamente costosas.

Cuando se intenta crear un mundo descentralizado mediante software, es probable que se esté abarcando más de la cuenta. Puede que funcione durante un tiempo si se hace todo a la perfección. Pero basta con pasar por alto un solo detalle (y a saber cuál), o cometer un único error en el código, para arriesgarse a que todo se venga abajo; a que el universo entero se desplome sobre nosotros.

Las redes de prueba de participación (*proof-of-stake*) existen en mundos simulados, por lo que hay que crear todas estas constantes e imponer un concepto propio del tiempo. En un universo regido por las leyes de la termodinámica, el calor se disipa a un ritmo determinado. No hace falta programar un software que les diga a los mineros de Bitcoin cómo hacerlo. Tampoco es necesario desarrollar un software que aplique fenómenos como la gravedad o la velocidad de la luz. Puesto que Bitcoin existe en el mundo físico a través de la minería, absorbe las constantes físicas del universo. Y todo funciona en paralelo a la velocidad de la luz.

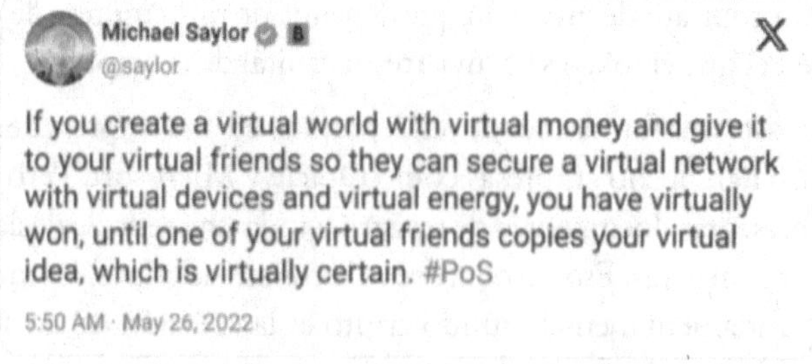

Traducción: "Si creas un mundo virtual con dinero virtual y se lo das a tus amigos virtuales para que puedan proteger una red virtual con dispositivos virtuales y energía virtual, prácticamente habrás ganado, hasta que uno de tus amigos virtuales copie tu idea virtual, lo cual es prácticamente seguro. #PoS"

3. **Riesgo Moral**

Cuando se crea un universo simulado, se hace a través de un proceso de desarrollo de software muy organizado. Cuando toda la seguridad e integridad derivan del software, se ha decidido financiar un proyecto de desarrollo de software a perpetuidad. Por lo general, lo que se ha creado es una empresa de desarrollo de software.

Si los desarrolladores de software pueden conceder o denegar permisos o acceso (por ejemplo, para permitir retirar los tokens o no), en ese momento, la empresa de software se ha vuelto tan fundamental para la red que se ha creado un valor negociable.

Se convierte en un contrato de inversión según la definición de la ley de valores, porque se depende del esfuerzo de terceros. Y es prácticamente imposible no depender del esfuerzo de terceros cuando se necesita que los ingenieros de software hagan brillar el sol, que los planetas giren a su alrededor y que impongan la gravedad en el universo simulado.

Con el tiempo, la red queda expuesta a un ataque de un estado-nación. El gobierno aparece y dice: "Debes hacer esto o bloquear aquello. Tienes que hacer que sea imposible gastar los cupones en

China". Ahora estás jugueteando con el universo. Imagina que yo pudiera detener la gravedad en Rusia. El verdadero problema de un universo y una red virtuales es que el poder acaba concentrándose en manos de los ingenieros de software, y se ha creado sin querer un contrato de inversión que depende de una empresa de software, en el que el token se convierte en capital de la empresa.

Existe una forma ética de vender capital en una empresa de software. Lo han hecho empresas como Oracle y Microsoft. Pero requiere presentar documentos de registro y toda una serie de declaraciones informativas. Eso no ocurre en el ecosistema cripto. La innovación fundamental en el mundo cripto es la creación de un activo sin emisor. Se ha fracasado siempre que se recurre a una organización de software para crearlo o mantenerlo. Por eso la energía, al estilo de Bitcoin, es el método superior (y quizá el único) para resolver el problema del dinero sólido. **Establece el protocolo y no lo modifiques.** Divisiones suaves ocasionales para corregir un error fatal, pero, por lo demás, no hay que modificarlo. Tenemos todos los motivos para creer que la política monetaria en 2140 será la misma que la actual.

En el mundo de las criptomonedas, nadie se pone de acuerdo en nada, salvo en que Bitcoin existirá a largo plazo.

CAPÍTULO VEINTICUATRO

Lecciones de Ethereum

Me llevó 15 horas de investigación, de principio a fin, llegar a la conclusión de que Bitcoin era el mejor dinero jamás inventado. Me llevó 15 minutos darme cuenta de que Ethereum aún se encontraba en su etapa de desarrollo y capital riesgo.

¿Quieres arruinar Bitcoin? Basta con cambiar el protocolo cada vez que se te ocurra una idea nueva. El resultado es Ethereum. Tienen ideas nuevas para los próximos 10 años en su hoja de ruta y no paran de proponer más.

La idea de Vitalik Buterin de que podemos hacer, sin más todo lo que se nos ocurra está totalmente alejado de la realidad. Cualquiera que haya desarrollado software sabe que se empieza con una idea para una nueva función y que, al intentar llevarla a cabo, te das cuenta de que no funciona o de que a nadie le interesa. Aunque se ejecute en 20 computadoras en lugar de una, no deja de ser un simple programa de software. Los contratos inteligentes y otras funcionalidades similares ya existen en el mundo del software. Se pueden ejecutar en navegadores web y en un iPhone con un consumo mínimo de electricidad. No hay ninguna innovación en ello.

Todo el proceso de Ethereum 2.0 es un reconocimiento de que Ethereum 1.0 es una arquitectura inestable o incompleta. Que el propio fundador afirme que el producto actual, en su estado presente, es defectuoso a largo plazo, ya es un freno de por sí. Ninguna gran empresa confiará en nada hasta que demuestre ser totalmente sólido y estable durante al menos tres años. Ese es el efecto Lindy[1]: el tiempo es la prueba de estrés definitiva. Cuando Ethereum pasó a la prueba de participación, el contador se puso a cero, descartando toda la confianza generada con la primera versión.

Ethereum intenta ser una reserva de valor, un criptoactivo y una plataforma de criptoaplicaciones; sufre una crisis de identidad. El problema

[1]El efecto Lindy, concepto acuñado por Albert Goldman y popularizado por Nassim Taleb, postula que cuanto más tiempo lleva existiendo algo, más probable es que siga existiendo (siempre que no sea perecedero).

es que no tiene una propuesta de valor clara. Si la visión de Ethereum era crear una plataforma de criptoaplicaciones, no hay problema, lo entiendo. Pero sería inapropiado utilizar su token (Ether) como reserva de valor para la tesorería de una empresa o institución.

Bitcoin es una red de criptoactivos que se presenta como una reserva de valor. La mayoría de quienes poseen Bitcoin saben que con eso basta; no necesita ser nada más. Si almacenamos 100 billones de dólares de valor en Bitcoin, no habrá ningún problema. Ethereum y todas las criptomonedas de prueba de participación son, en general, excesivamente idealistas. Y ese idealismo, en última instancia, las vuelve inadecuadas como mercancías y, por consiguiente, como dinero.

PARTE CINCO
BITCOIN

Críticas comunes sobre Bitcoin

Malo para la sociedad		Ha fallado		Fracasará		
Peligroso	**Injusto**	**Inútil**	**Obsoleto**	**Económico**	**Tecnológico**	**Gobierno**
Estafa (Ponzi, pirámide)	Consumo excesivo de energía	Caro	Tarifas elevadas	Modelo basado en tarifas	Concentración minera	Prohibido
Facilita la delincuencia	Contaminación y residuos electrónicos	Volátil	Lento	Oferta inelástica	Cifrado pirateado	Gravado
Especulación/ Apuestas	Propiedad concentrada	Sin valor intrínseco	Funcionalidad limitada	Suministro corruptible	Dependiente de Internet	Regulado
	Incentiva el acaparamiento	Sin respaldo	Duplicable			
		Sin caso de uso	Complicado			

CAPÍTULO VEINTICINCO

Sobre el maximalismo

CAMBIOS DE PARADIGMA

Sir John Templeton dijo una famosa frase: "Las cuatro palabras más peligrosas en finanzas son: "esta vez es diferente" ". Sin embargo, Templeton no era científico ni ingeniero. La cuestión es que esta vez *sí* es diferente. El fuego es diferente; el agua es diferente; el viento es diferente. Las armas, los gérmenes y el acero son diferentes. Rockefeller reconoció que el petróleo era diferente. Cuando su estrategia se basa en un cambio tecnológico o de paradigma, de hecho, *sí* es diferente.

Bitcoin es diferente. Por eso importa. Quienes afirman que no es diferente no lo entienden, no se deje influir por ellos.

DESMINTIENDO LAS CRÍTICAS

> *"El pensamiento brillante es raro, pero el coraje es aún más escaso que la genialidad".*
>
> —PETER THIEL AND BLAKE MASTERS (*Zero to One*)

En este mundo, a la gente con un CI de 200 se le ocurrirán 100 razones para no comprar Bitcoin. Podrían escribir libros sobre todo lo que podría salir mal. Pero no se trata de ser inteligente, sino de estar dispuesto a reconocer la realidad. Dedica 100 horas a aprender sobre Bitcoin para rebatir las 100 críticas que se le ocurren a la gente. Sin esto, no asimilarás una nueva idea.

Necesitas claridad, pero también coraje para adoptar Bitcoin. La gente que carece de coraje aplica su brillantez para justificar por qué no va a asumir el riesgo. A continuación, debes hacer los deberes, lo que requiere investigación, estudio y una planificación cuidadosa. Luego, puedes asumir el riesgo. Y, por último, tienes que pasar a la acción.

Reconocer la realidad → Asimilar una nueva idea → Hacer los deberes → Asumir el riesgo → Pasar a la acción

LAS CINCO ETAPAS

Toda persona que conozcas tendrá una opinión sobre Bitcoin y pasará por estas cinco etapas:

1. **El negacionista:** *¡Bitcoin es una estafa, una burbuja; no existe!*

   Yo les mostraría una foto de todos los mineros de Bitcoin del mundo, que consumen más GW de electricidad que la Armada de Estados Unidos. ¡Esto no es una estafa; es la red informática más poderosa del mundo!

   No te desanimes si alguien es un negacionista. **¿Sabes quién solía ser un negacionista? Yo.**

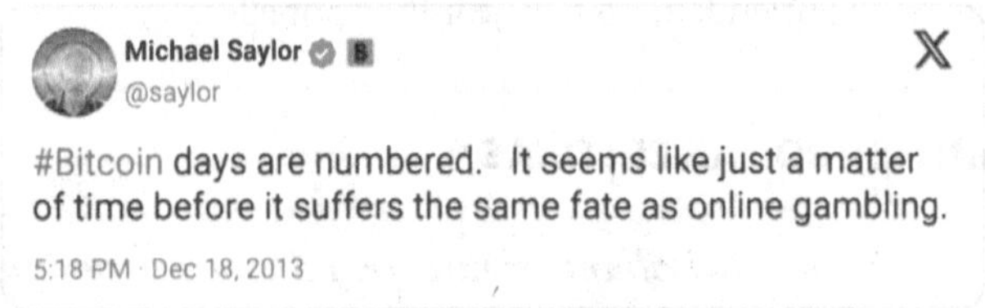
Michael Saylor
@saylor
#Bitcoin days are numbered. It seems like just a matter of time before it suffers the same fate as online gambling.
5:18 PM · Dec 18, 2013

Traducción: "#Bitcoin tiene los días contados. Parece que es solo cuestión de tiempo hasta que sufra el mismo destino que los juegos de azar en línea."

2. **El escéptico:** *Es demasiado bueno para ser verdad/ya es muy tarde.*

   Cuando la gente supera la comparación de Bitcoin con los tulipanes, pasa al argumento de que es demasiado bueno para ser verdad. ¡Esa es, literalmente, la objeción de los supercerebros! Resolverá todos sus problemas *tan bien* que alguien más poderoso simplemente se lo quitará. Hay que demostrar que *si* el gobierno fuera a prohibirlo, no estaría presumiendo de haber incautado 3.000 millones de dólares para luego venderlos en el mercado. Tampoco habrían aprobado los ETF al contado ni se estarían peleando por ver quién se queda con la jurisdicción.

Si se entiende que Bitcoin es una propiedad (no una moneda), no lo prohibirán en un país que respete el derecho a la propiedad. Si el mundo se vuelve comunista y te quita la capacidad de poseer cosas, eso es un riesgo existencial. Pero, de momento, ese no es un problema en Rusia, China o Estados Unidos. Las otras preocupaciones son si lo copiarán o hackearán. ¡Ya lo han copiado 10 000 veces y todas han fracasado! Satoshi tiene una billetera con 100.000 millones de dólares en alguna parte. Esa es la recompensa por hackearlo, y nadie ha descubierto cómo. Así que sé que la red de Bitcoin es capaz de almacenar 100.000 millones de dólares sin que nadie se los lleve.

Una objeción común que se oye a menudo es: "¡Ya es muy tarde para comprar Bitcoin!". Henry Ford decidió aprovechar el fuego para el motor de combustión interna un millón de años después de que los seres humanos lo descubrieran. No era demasiado tarde. Tampoco lo era para usar la rueda, los explosivos, el idioma inglés, los aviones, la electricidad, los teléfonos móviles, las computadoras o internet. No es demasiado tarde para comprar Bitcoin. Bitcoin es tecnología, y nunca es demasiado tarde para dominar la tecnología.

3. **El trader:** *Compro si creo que sube y vendo si creo que baja. Aparte de eso, no tengo opinión.*

   Me hice *trader* al observar el mundo y pensar: "Todo es un caos. Los tipos de interés están en cero y mis dólares no me rinden nada. Voy a comprar Bitcoines". Esto es un avance. Pero, con suerte, uno llega al siguiente nivel: el de inversor.

4. **El inversor:** *Bitcoin es una gran tecnología, como Google, Apple o Microsoft. ¡Es el futuro y debería invertir en ella!*

   Si ganaste dinero comprando *the Magnificent 7*, ¿cómo es que no tienes Bitcoin? Tienen el mismo ciclo. Fue en esa época, durante mi etapa de inversor, cuando se empezó a oír hablar de mí. Después de comprar Bitcoin, empecé a leer mucho más y a escuchar más podcasts. Fue el conjunto de todos los *podcasters*, escritores y divulgadores lo que me hizo dar el paso para convertirme en maximalista.

5. **El maximalista:** *¡Bitcoin es un instrumento de empoderamiento económico!*

Esta es la última etapa a nivel intelectual.

Las 5 etapas del maximalismo de bitcoin

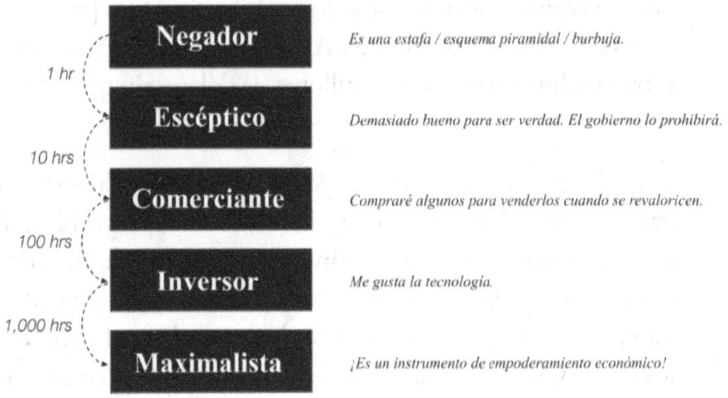

> *"Yo era un escéptico convencido... Lo estudié, aprendí sobre el tema y llegué a la conclusión de que, al final, la opinión que mantuve durante cinco años era errónea".* [1]
>
> —LARRY FINK

LOS CINCO NIVELES DE ASIGNACIÓN

Cuando le das la píldora naranja a alguien, lo estás interpelando en el plano intelectual. Todo el mundo empieza como un **observador** (sin poseer Bitcoins). Luego se convierten en **participantes**, y quizá asignan el 1 % de su cartera. A continuación, son **creyentes** y empiezan a poner un montón de su patrimonio líquido en Bitcoin (tal vez un 40 % es líquido y el resto está invertido en su casa). Y en algún momento, te vuelves *hardcore*... te conviertes en lo que yo llamo un **adherente**. Llegado ese punto, estás *totalmente comprometido*; Bitcoin se convierte en tu única inversión. Finalmente, te conviertes en un **defensor**. No solo estás *totalmente involucrado*, sino que también quieres convencer a tu empresa, a

[1]CNBC *Squawk on the Street*, conducido por Jim Cramer, 15 de julio de 2024.

tu organización benéfica, a tu iglesia, a tu gobierno, a tus amigos o a tu familia.

Los 5 niveles de asignación

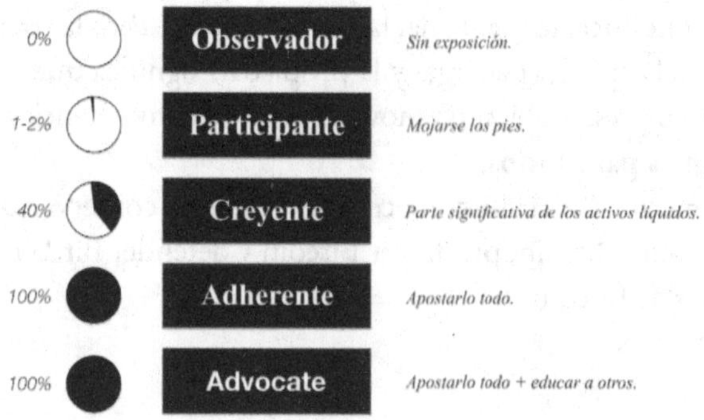

Bitcoin se hace más fuerte con cada nuevo participante, sea cual sea su nivel. Podemos verlo como una matriz de *Etapa x Asignación*. Estamos trabajando juntos para llevar a la gente del cuadrante inferior izquierdo (negacionista + observador) al superior derecho (maximalista + promotor).

Etapa x Asignación

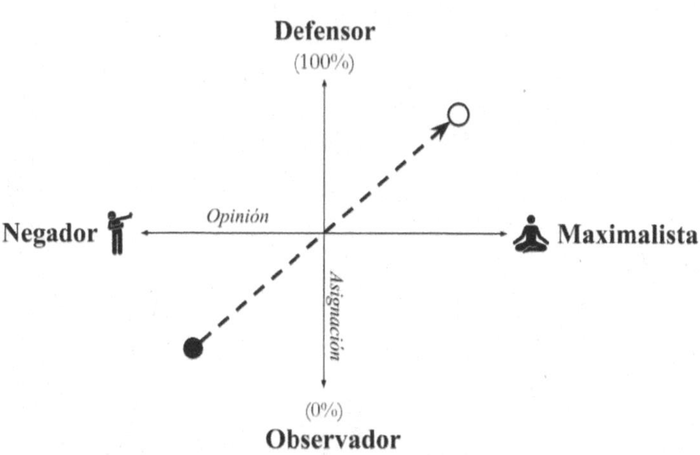

Y no es un lugar donde uno se queda para siempre. Todos debemos colaborar para mantenernos motivados y permanecer en ese cuadrante, porque puede suponer un gran desgaste.

Bitcoin representa la transformación digital del capital. ¿Qué valor tiene eso? Es la mitad de todo lo que existe para el ser humano. Hay otras cosas: la política, la medicina, la educación, etc. Pero la transformación digital del capital, la energía y la propiedad significa que cada persona, familia, empresa, gobierno y movimiento puede vivir la mejor vida posible. **Bitcoin es para todos.**

Sugiero estudiar Bitcoin, comprar Bitcoin, conservar Bitcoin, desarrollar sobre Bitcoin, promover Bitcoin y defender Bitcoin. Así podrás disfrutar de Bitcoin.

CAPÍTULO VEINTISÉIS

Un activo de reserva del tesoro

> *"No hagas planes pequeños; carecen de la magia para enardecer a los hombres y lo más probable es que nunca lleguen a materializarse. Haz grandes planes; aspira a lo más alto con esperanza y trabajo, recordando que un plan noble y lógico, una vez concebido, nunca muere..."*.
>
> —DANIEL BURNHAM (director de obras, Exposición Universal de Chicago, 1893)

ACTO I: EL ESCENARIO

Uno de mis motivos de orgullo es haber sido uno de los CEO de empresas cotizadas más longevos de mi sector, con 33 años de servicio (1989-2022). Otro es ser el único CEO de una empresa cotizada que ha visto desplomarse sus acciones un 99,8 % y ha conservado el puesto. Vi cómo mis acciones pasaban de 333 dólares a 42 centavos. La lección es la siguiente: no gastes más dinero del que ingresas.

En 2020, la empresa tenía 500 millones de dólares en efectivo y obteníamos 50 millones de dólares al año en beneficios. Estábamos recomprando algunas de nuestras acciones y pensando en la posibilidad de adquirir otra empresa. Teníamos a miles de personas trabajando con todas sus fuerzas, haciendo sacrificios a diestra y siniestra, y ahorrando hasta el último céntimo. Éramos muy prudentes: teníamos dinero, cero deudas y estábamos preparados para las vacas flacas o para aprovechar cualquier oportunidad.

Recuerdo cuando se podía conseguir un 5 % de interés de un día para otro por tu dinero antes de la crisis financiera global; no hace tanto de eso. Mantenía la esperanza de que volvieran aquellos buenos tiempos, pensando que llegaríamos a facturar 25 millones de dólares al año. Cuando los tipos de interés subieron al 2,5 % en 2019, me dije: "¡Por fin! Van a llegar al 4 % y después al 5 %. ¡Volverán a la normalidad!". Y entonces, como es lógico, mis esperanzas se hicieron añicos.

Tasa de fondos federales

1990-2021

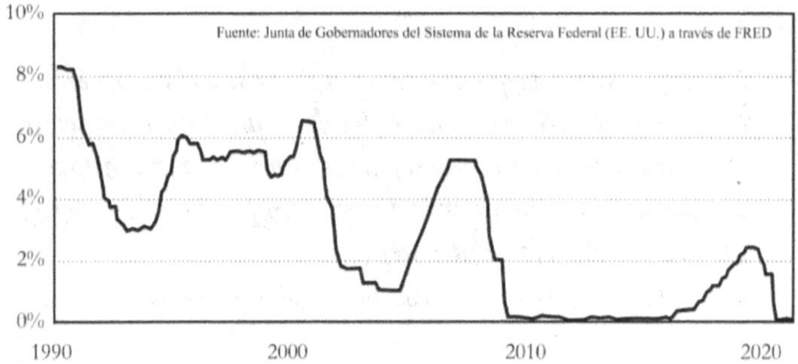

ACTO II: LA CONFRONTACIÓN

La pandemia llegó en febrero de 2020. Las bolsas se desplomaron. Estábamos perdiendo impulso y el golpe fue brutal. Para el segundo trimestre, la cuestión era: ¿cómo afecta esto a nuestros clientes, nuestro negocio, nuestro producto y nuestra propuesta de valor?

En nuestro caso, vendemos software empresarial que ayuda a pensar mejor. Ofrecemos inteligencia de negocio a organismos públicos, grandes entidades financieras y multinacionales. Esa es nuestra clientela.

Empezamos un lunes por la mañana y, para las dos de la tarde, ya estábamos usando Zoom. A las cuatro, Zoom era la norma en la empresa. Por cierto, este es el mismo director ejecutivo que dijo: "No creo en el teletrabajo; o vienes a la oficina o no trabajas para mí". Todos nuestros servicios pasaron a prestarse a distancia y, para nuestra sorpresa, la productividad se disparó. Nuestro software siguió funcionando porque lo bueno que tiene es que se puede distribuir por internet, así que nuestra propuesta de valor se mantuvo intacta. Nuestros clientes no se fueron; la demanda seguía ahí. Nuestra estructura de costos se redujo: 50 millones de dólares en viajes, marketing y ferias comerciales se esfumaron. De hecho, descubrimos que éramos *más* eficientes. Aquel cisne negro nos catapultó a un nivel de productividad superior.

Esto fue lo positivo en el P&L[1]. ¡Nos dimos cuenta de que íbamos a generar más liquidez! Pero no había ningún plan de negocio racional para gastar 200 millones de dólares en mejorar la empresa. Así que recibimos un regalo de la Fed (reserva federal) en el plano macroeconómico mientras, al mismo tiempo, intentábamos entender qué pasaba con el estado de resultados. Y de repente, ¿qué vemos? El índice de bonos a largo plazo subió al 2 %. Si me preguntaran cuál es la única inversión que no querría hacer, ni en un millón de años compraría un bono a 30 años que rindiera un 2 % de interés; nunca, jamás. Y, sin embargo, en 2020 resultó ser un acierto. Quien compró un bono a 30 años con un 2 % de interés obtuvo una subida espectacular cuando los tipos de interés se desplomaron en un 0.2 %. Pero nuestro dinero en el banco pasó a tener una rentabilidad nula.

¿Qué pasó después? La inflación del precio de los activos se disparó. Es una locura, porque todo el mundo habla del IPC y dice que no tenemos *suficiente* inflación. Pues bien, **no hay inflación en las suscripciones a servicios de *streaming* ni en las cosas fabricadas en serie por robots, pero sí la hay en todo lo que es escaso y deseable.** La matrícula en una universidad de la Ivy League o una casa en Miami Beach sube un 7 % al año. Un bono que rendía 50.000 dólares anuales costaba un millón de dólares a principios de la década de 2000. A mediados de 2020, ya costaba 10 millones. Esa es la tasa de inflación de los activos.

No pensaba mucho en la inflación hasta que me golpeó en la cara como un torbellino. Cuando las cosas van bien, todo el mundo está ocupado, hay demasiadas cosas que hacer. El COVID lo detuvo todo súbitamente. Los bonos municipales subieron mientras todas las ciudades estaban en quiebra. Todas las acciones tecnológicas subieron y la relación entre precio y beneficio se disparó. La economía cayó a su nivel más bajo en 30 años. En ese momento, nos preguntamos: "¿Cuál es la verdadera tasa de inflación?".

Si nos fijamos en la inflación de activos de la última década, es de un 7 % anual en términos nominales. En 2020, se podría decir que fue de entre un 25 % y un 30 %, si nos basamos en los índices de bonos del Estado a largo plazo y en la renta variable.

---

[1] *Profit & Loss*. El estado de ganancias y pérdidas (también conocido como "estado de resultados") resume los ingresos, costos y gastos incurridos durante un período específico.

¿Y qué significaba eso para mí en un sentido metafórico? Bueno, así es como lo sentí. Tenía un montón de dinero en efectivo en el banco, rindiendo de forma segura entre un 2 % y un 3 %, y estaba preparado para cualquier imprevisto. Entonces, un banquero me enviaba un aviso cada mes diciéndome que el tipo de interés había bajado. Y no paraba de bajar hasta que el interés desapareció *por completo*. Después, fue como si alguien hubiera sacado mi dinero del banco, lo hubiera apilado en palets y se hubiera puesto a quemar el 2 % de los billetes cada mes. No tardé en darme cuenta de que, en 12 meses, ¡el 25 % del dinero se esfumaría! Y lo siguiente que pensé fue: "¿Qué sentido tiene todo esto? ¿Qué estoy haciendo mal?".

Entonces, ¿cómo descubrí el Bitcoin? Tenía un problema descomunal: **contaba con 500 millones de dólares en efectivo y veía cómo se desvanecían.** Mientras tanto, los mercados de bonos y acciones experimentaban una extraordinaria recuperación en forma de V. Cuando la tasa de inflación de los activos es de un 10 %, los 50 millones de dólares que generamos en ingresos de explotación se ven anulados por la pérdida de 50 millones en el poder adquisitivo de nuestros 500 millones. Ni nuestros inversores ni la comunidad inversora en general valoraban en absoluto que mantuviéramos el efectivo. Eran más listos que yo; supieron que el efectivo era basura mucho antes que yo.

No necesitábamos el efectivo, sino hacer algo con él.

> *"Querida, aquí tenemos que correr tan rápido como podamos solo para quedarnos en el mismo sitio. Y si quieres ir a otro lugar, tienes que correr el doble de rápido".*
>
> —LEWIS CARROLL (*Through the Looking-Glass, and What Alice Found There*)

Cuando empezamos a darle vueltas a la pregunta: **"¿Qué haces con 500 millones de dólares en efectivo que no necesitas?"**, predominaba la opinión generalizada de que había que ser conservador, invertir en letras del tesoro a corto plazo y no contemplar ninguna otra cosa. Las **recompras** no tenían sentido porque hay un límite en la rapidez con la que se pueden ejecutar. Si entras en el mercado de una acción con limitado volumen de negociación y compras el 20 % de lo que se mueve a diario, tardarías unos cuatro años. Si tu cubito de hielo se derrite a un ritmo aproximado de un 15 % anual, no puedes permitirte esperar cuatro años. Hay que buscar alternativas.

Era un periodo en el que todos los CEO estaban pasando dificultades, tenían problemas de solvencia o se veían afectados por la disrupción digital. Desde luego, no estaban de brazos cruzados; la situación exigía que todo el mundo se pusiera manos a la obra. Todo el mundo vio cómo se tambaleaban muchas de sus convicciones principales (cosas que un año antes eran inconcebibles): el comportamiento de los mercados, la coherencia de las regulaciones, el clima empresarial internacional y la gestión de los balances. Esto obligó a la gente a adoptar una mentalidad mucho más abierta.

ACTO III: LA BÚSQUEDA

Si ahora mismo tuvieras 500 millones de dólares en efectivo, ¿dónde los invertirías? ¿Qué activos incluirías en tu lista de posibles inversiones? Evaluarías de todo, desde inmuebles y acciones hasta metales preciosos y Bitcoin. Te limitarías a repasar la lista de activos reales con características que ofrezcan cierta protección contra la inflación, con el fin de preservar el patrimonio. Así que analicémoslo.

- **Inmuebles comerciales:** ¿cómo compras activos inmobiliarios comerciales por valor de 500 millones de dólares a un precio justo, y que además no se hayan visto devaluados por la coyuntura económica actual? ¿Cuánta gente está dispuesta a venderte inmuebles comerciales a un precio justo ahora mismo? Todos siguen pensando que valen lo mismo que antes del COVID.

- **Acciones:** no soy tan ingenuo como para comprar acciones del siglo XX (Apple, Amazon, Meta, etc.). Fue una buena idea en 2012 (de haberlo hecho, habrías multiplicado tu dinero por diez), pero hoy la situación es muy distinta. A estas alturas, ¿va a multiplicar Apple su valor por diez? Quizá lo duplique o quizá se reduzca a la mitad. Es decir, que con la mejor acción del mundo, tienes las mismas probabilidades de ganar que de perder.

- **Metales preciosos:** Me di cuenta de que tenía que fijarme en la plata y el oro.

- Y **Bitcoin**.

Así llegamos al momento de elegir. Ya había descartado el sector inmobiliario comercial. Descarté una cesta de acciones (el S&P 500 y el NASDAQ 100) por su limitado atractivo. **Quiero algo que pueda reducirse a la mitad, pero que pueda multiplicarse por 10: un rendimiento asimétrico.** Eso es lo que quiere cualquier inversor inteligente. Cuando comprabas Amazon en 2011, eso es lo que obtenías. Cuando comprabas Apple al salir el iPhone, eso es lo que te llevabas. Quieres multiplicar tu inversión por diez. Sin embargo, aquí está la trampa: **no hay ninguna inversión ganadora en una empresa que no sea tecnológica.**

Aquí tengo que mencionar a mi amigo, Eric Weiss, que dirige su propia asesoría de inversión en Bitcoin. Me contaba lo que hacía, y yo simplemente no le hacía caso: "No sé qué pensar de esta locura de las criptomonedas; suena a una estafa". Pero él insistía, así que le seguí dando vueltas. Hasta que un día, algo hizo click.

ACTO IV: LA RESOLUCIÓN

Como empresa, pasamos por todo un proceso. Antes de que pudiera convencer a nadie de la junta directiva o del equipo ejecutivo de que Bitcoin era una buena idea, necesitábamos llegar al convencimiento colectivo de que generaríamos un flujo de caja inagotable.

Comencé a asignarle material de estudio a la junta directiva. Todos saben quién es Andreas Antonopoulos. Todos tuvieron que ver el debate entre Eric Voorhees y Peter Schiff[2] y, después, leer un sinfín de ensayos sobre macroeconomía y la teoría de Bitcoin (entre ellos, *The Bullish Case for Bitcoin*, de Vijay Boyapati, y textos de Lyn Alden). La junta directiva, el consejero general, el director financiero y yo mismo nos estamos metiendo en el meollo del asunto. A eso le siguió una serie de debates en grupo y reuniones individuales. Cada uno se iba por su lado e investigaba por su cuenta. Nos volvíamos a reunir para más debates en grupo. Y nos volvíamos a separar: el director financiero consultaba con varios contables, el director de asesoría jurídica consultaba con varios abogados, y todos consultábamos con diversos asesores financieros y banqueros. Luego nos

[2] '*Is Bitcoin the Future of Money?*', Reason and The Soho Forum, 2 de julio de 2018.

juntábamos de nuevo, compartíamos las conclusiones, deliberábamos y pensábamos muy detenidamente cuál era la forma apropiada y prudente de proceder o de aplicar la estrategia.

Antes de comprar un solo Bitcoin, nuestro primer paso fue emitir un comunicado de prensa anunciando que estábamos considerando comprar Bitcoin. Nuestro segundo paso fue emitir otro comunicado para anunciar que compraríamos la participación de los accionistas que no estuvieran de acuerdo con la estrategia, pagando una prima, a través de una oferta pública de adquisición de 250 millones de dólares. El tercer paso fue anunciar que habíamos comprado 250 millones de dólares en Bitcoin. A partir de ahí, había un plazo de 20 días para que nuestros accionistas decidieran si querían vender sus acciones y cuántas.

Al final del proceso, habíamos comprado acciones propias por valor de 60 millones de dólares, y ahora estamos en 310 millones. Teníamos otros 175 millones de dólares disponibles en nuestra tesorería, además del efectivo que manteníamos en el banco. El siguiente paso fue invertir ese dinero de la tesorería. Al final, el 95 % de esos 500 millones de dólares se invirtió en nuestras propias acciones o en Bitcoin, lo que logramos en un plazo de cuatro a seis semanas. No puedo darles un recuento detallado de cómo adquirimos tal cantidad de Bitcoin por motivos de seguridad. Pero sí puedo describirles cómo enfocarlo si estuvieran en mi posición y dirigieran una empresa.

Primero, se evalúan varias plataformas de intercambio y custodios de nivel institucional. Luego, se identifican y mitigan todos los posibles problemas de seguridad y tecnología. Se establece una relación con sus equipos y, entonces, se compra Bitcoin. Ahora hablemos de cómo se adquiere una gran cantidad de Bitcoin sin afectar al mercado. Se hace a través de cientos de miles de pequeñas transacciones, minuto a minuto, día y noche, durante muchos días. **Compramos 425 millones de dólares en Bitcoins y nunca subimos el precio. Ni un solo dólar.** Nunca sabrás que estoy operando en tu contra cuando estoy en el mercado. Estoy conteniendo la volatilidad al alza y a la baja con grandes sumas de dinero. Y a medida que entren las instituciones, contendrán la volatilidad aún más.

¿La buena noticia? Puedes comprar grandes cantidades sin que te vean, sin afectar de forma significativa al mercado, ni alarmar a nadie. Pero se necesita el equipo adecuado con las herramientas adecuadas y cierta disciplina. No puedes tener prisa; tienes que dejar que el mercado venga a ti. Veo a un tipo un lunes por la mañana que se acaba de despertar, decide comprar Bitcoin y dispara el precio. Cada vez que veo eso, pienso: "Bueno, ese no durará mucho en el mercado". Nadie que de verdad quisiera comprar una gran cantidad de Bitcoin sería tan tonto como para disparar el precio de forma tan brusca. Sencillamente, así no se hacen las cosas.

Desde el día en que decidí comprar Bitcoin a título personal, tardé seis semanas en superar el proceso de cumplimiento normativo. Si eres una empresa privada y tu equipo te apoya, se tardan entre 12 y 18 semanas en superar todos los trámites necesarios. Una empresa ágil que cotiza en bolsa puede tardar unos seis meses. Y si solo eres una empresa cotizada de tamaño medio que se mueve a un ritmo normal, tardarías entre nueve y doce meses. Cuando hicimos nuestro anuncio, comenzó la cuenta atrás de seis meses.

Tiene que ser casi por fuerza una iniciativa liderada por el director general y el director financiero, porque es una estrategia innovadora. Pero hemos demostrado que es sencillo y le hemos enseñado a la gente cómo hacerlo. Como con cualquier hazaña, si te digo que es posible, ya puedes encontrar la manera de lograrlo. Lo único que necesitas saber es que *es* posible. Es como correr la milla en menos de cuatro minutos: la gente estaba convencida de que era imposible. Entonces, alguien lo consigue y, al año siguiente, *docenas* de personas lo logran.

Pasamos de ser una empresa de 500 millones de dólares con un crecimiento anual del 0 %, que competía contra un monopolio (Microsoft), a una empresa de 50.000 millones de dólares que crece al 60 %.

Bitcoin en poder de empresas públicas a nivel mundial

He hecho muchas cosas más difíciles que esto en mi carrera. Cualquier emprendedor que haya sacado adelante un negocio rentable habrá logrado algo más difícil. Será todo un desafío, pero está al alcance de cualquier equipo directivo competente.

Otro aspecto que no se me escapa es que **3.500 empresas que cotizan en bolsa tienen 5 billones de dólares en sus tesorerías, y todo se está derritiendo.** Llega un punto en que tienes la obligación fiduciaria de no perder el dinero. Antes era aceptable ser conservador, pero eso era antes de que la tasa de inflación de los activos pasara del 7 % al 30 %. Cuando llega al 30 %, no es algo que se pueda ignorar. Mucha gente se está viendo impulsada a actuar ahora mismo.

Empresas públicas con Bitcoin en sus balances

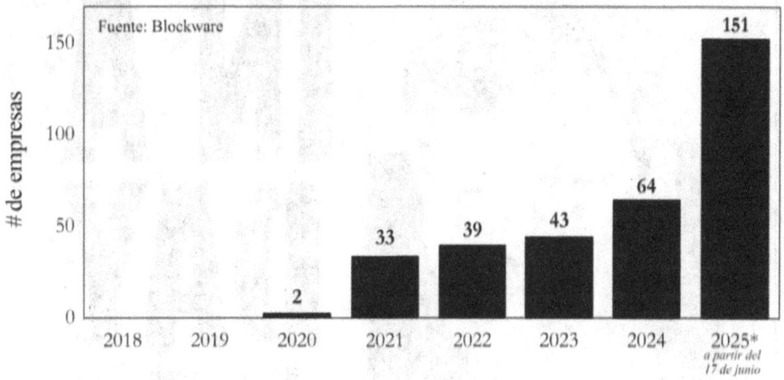

SPORTS ★ ★ ★ ★ FINAL

MADONNA'S WITH CHILD
PAGE 3

SHOULD YOUR CHILD TAKE RITALIN?
SPECIAL REPORT - PAGES 14 & 15

FRAIL POPE BEGINS PILGRIMAGE
PAGE 4

DAILY NEWS

50¢ www.nydailynews.com NEW YORK'S HOMETOWN NEWSPAPER Tuesday, March 21, 2000

LOST $6B IN A DAY

Hotshot tech CEO loses fortune as his company's stock plunges 140 points

SEE PAGE 5

MicroStrategy CEO Michael Saylor

Imagen: Portada del Daily News, 21 de marzo de 2000.
Foto: NY Daily News a través de Getty Images.

CAPÍTULO VEINTISIETE

Adoptar bitcoin

DEFENSIVA→OPORTUNISTA→ESTRATÉGICA

La primera etapa de mi interacción con el Bitcoin fue **defensiva**. Teníamos un problema: la pérdida de valor de la moneda. Nuestra estrategia de tesorería no funcionaba en ese entorno. Ante esa presión, encontramos una solución: el Bitcoin. Invertimos en Bitcoin para defender nuestra tesorería.

Nuestras acciones cotizaban a 12 dólares por acción (una vez ajustadas por desdoblamiento). Pensamos que, si las recomprábamos a 14 dólares, podríamos adquirir algo de Bitcoin. Rotamos cuidadosamente nuestra base de accionistas. Teníamos la intención de recomprar las acciones de todos nuestros accionistas minoritarios para poder llevar adelante esta estrategia. Fue todo un desafío. No sabíamos qué iba a pasar. Nadie lo sabía, porque ninguna empresa lo había hecho antes. Si tienes que comprometerte a recomprar 250 millones de dólares en acciones para comprar 250 millones de dólares en Bitcoin, la póliza de seguro resulta sobrevalorada.

La siguiente etapa fue **oportunista**. El valor de nuestras acciones se duplicó, y nos dimos cuenta de que podíamos salir al mercado a recaudar dinero. Y entonces, si íbamos a recaudar fondos, ¿por qué no usarlos para comprar Bitcoin? ¿Qué mejor destino se les puede dar? Para la primera emisión de deuda convertible, salimos al mercado con la intención de recaudar 400 millones de dólares. La demanda superó a la oferta, y recaudamos 650 millones de dólares al 0,75 %. Eso fue oportunista. Usamos el dinero para comprar Bitcoin.

MicroStrategy Completes $650 Million Offering of 0.750% Convertible Senior Notes Due 2025

Press Release • December 11, 2020

Fuente: www.microstrategy.com/press/microstrategy-completes-650m-offering-of-convertible-senior-notes-due-2025

Mucha gente todavía no sabía muy bien qué pensar de todo aquello. Creían que estábamos asumiendo un riesgo desmesurado. Pero, dos meses más tarde, se convirtió en la emisión de bonos con mejor rendimiento del año a nivel mundial. Nuestras acciones se habían multiplicado casi por diez y el bono se había triplicado. Así que nos dimos cuenta de que ya no era una medida defensiva, y era más que oportunista: era *estratégica*. **Nuestra estrategia es adquirir y mantener Bitcoin**.

Así que pasamos por estas tres etapas: defensiva→oportunista→estratégica. La unidad de inteligencia de negocios de Strategy vuelve a crecer (no lo hacía cuando empezamos esta iniciativa). Le ha inyectado una gran vitalidad y energía a la marca. Es bueno para nuestros empleados, accionistas y clientes.

En 2020, nadie sabía quiénes éramos. Hoy, la historia es otra. Por ejemplo, el consejero delegado de Microsoft puede aparecer en la CNBC y tener 15.000 visualizaciones en X. Cuando aparezco yo, consigo 400.000. De repente, somos más conocidos que todas las empresas de software con las que competimos. Diría que pasamos del miedo al frenesí, y de ahí a la diversión.

LA VELOCIDAD DE ADOPCIÓN

"Despacio es suave, y suave es rápido". —U.S. Navy SEALs mantra

Un activo solo puede monetizarse a una determinada velocidad. Hay una velocidad a la que Bitcoin puede crecer, una velocidad a la que podemos crear fondos cotizados (ETF), una velocidad a la que podemos dar directrices a los bancos para que mantengan el activo, una velocidad a la que podemos solucionar los problemas de contabilidad y una velocidad a la que podemos educar a todos los senadores, congresistas, reguladores y medios de comunicación dominantes. Hay una velocidad a la que los multimillonarios pueden asimilar la novedad. A menudo queremos que todo progrese más rápido. Pero ¿de verdad te sentirías cómodo si Bitcoin subiera un 500 % al año? ¿O sería tentar al karma?

La metáfora que me gusta usar es la de la onda de choque. Todos los aviones comerciales vuelan por debajo de la velocidad del sonido[1] (la velocidad a la que el aire se comunica consigo mismo). En la década de 1960, los ingenieros diseñaron una aeronave, el Concorde, que podía volar más rápido que la velocidad del sonido. Voló durante un tiempo, pero tuvo problemas porque nunca fue rentable. Luego, uno se estrelló y ardió,[2] y finalmente la aeronave fue retirada de servicio. Si un perfil aerodinámico se mueve más rápido que la velocidad del sonido, el aire no tiene tiempo de apartarse y se crea una onda de choque. Esto provoca turbulencias (una disipación enorme de energía) y fricción. Es como saltarse el límite de velocidad que te impone la naturaleza. Es entonces cuando se producen ondas de choque y fricción, y las cosas estallan.

Ondas de choque

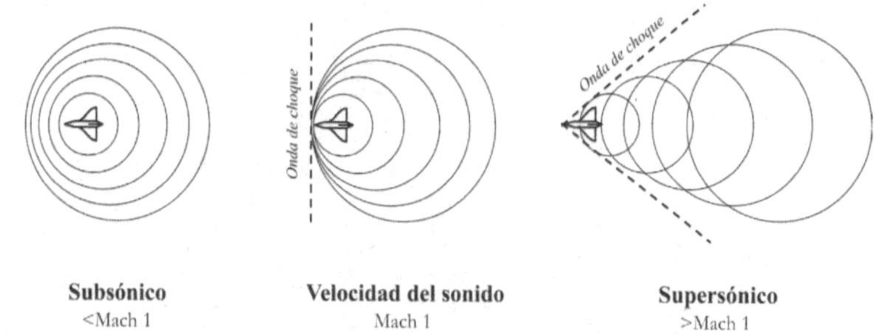

[1] Mach 1, aproximadamente 767 mph (1.235 km/h) a nivel del mar.

[2] El vuelo 4590 de Air France se estrelló poco después del despegue el 25 de julio de 2000; en el accidente murieron sus 109 pasajeros.

En una situación hidrodinámica, la velocidad a la que un barco puede desplazarse por el agua se denomina "velocidad de casco". Está determinada por el número de Reynolds (la relación de aspecto del casco). Así, un casco largo y con una proa angosta se desplaza más rápido que uno ancho. El costo de superar la velocidad de casco de un barco crece con el cubo de la velocidad (V^3). **¿Quieres ir el doble de rápido? Pues te costará ocho veces más.**

Si intentas ir más rápido de la cuenta, te desintegras. Y es entonces cuando saltan chispas. Por eso, es muy saludable que baje el ritmo. Crecer más de un 100 % al año es el ritmo más rápido al que conviene ir. Si tienes algo irresistible, aférrate a ello y deja que evolucione. **Creo que tenemos por delante una década de esa evolución; es el tiempo que tarda una señal en propagarse por la civilización.**

CAPÍTULO VEINTIOCHO

Alimenta a los patos

Si eres emprendedor, mi recomendación general es que no te mates trabajando. En cambio, date cuenta de que hay 450 billones de dólares de capital atrapados en activos tradicionales del siglo XX y 2 billones de dólares de capital en Bitcoin. Conviértete en el canal para mover el próximo billón de dólares del viejo mundo al nuevo. Hay una frase en Wall Street: *Si los patos graznan, aliméntalos.*

La transformación digital del capital

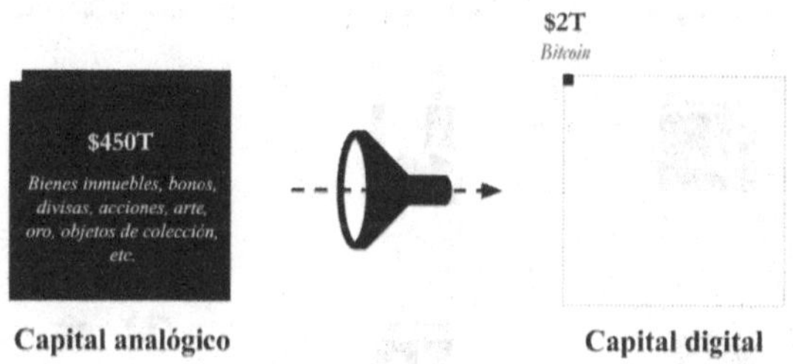

LA REFINERÍA DE BITCOIN

Suelen preguntarme si existe algún precedente histórico de lo que hace Strategy. La respuesta es *sí*.

¿Qué hace una compañía petrolera? Parte de una materia prima que contiene una gran cantidad de energía: el petróleo crudo. Todo el mundo quiere esa energía para obtener potencia, movilidad o para impulsar el progreso humano. La compañía petrolera refina el crudo para obtener productos con distinto grado de refinamiento.

Si hiciéramos una clasificación de los siete productos principales derivados del petróleo crudo, el más refinado es el combustible para aviones. Si vas a cargarlo en tu jet para cruzar el Atlántico, la calidad es muy importante. Pagarás mucho dinero por el combustible de aviación. La gasolina es el siguiente producto en grado de refinación, seguido del diésel, el gas licuado de petróleo, el gasóleo de calefacción y el fueloil. Luego, se llega al asfalto que ponemos en las carreteras. Ninguno de estos usuarios finales puede consumir petróleo crudo. Se necesita una operación de refinamiento que añada valor al petróleo crudo.

¿Cuánto valdría una empresa así? Nunca se valoraría solo en función de las reservas de petróleo. Su valor es la combinación de las reservas *más* las operaciones de refinamiento. Hay que calcular el valor de cada una de estas dos partes. Hoy en día, las compañías petroleras constituyen una clase de activo global de 10 billones de dólares.

Strategy está titulizando Bitcoin. Agregamos valor mediante la creación de una amplia variedad de instrumentos financieros en un formato refinado, que resulta atractivo para inversores específicos con grandes fondos de capital.

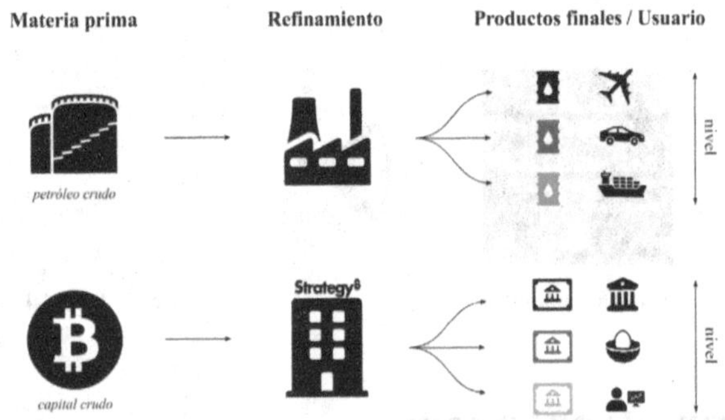

Estamos tendiendo un puente entre la criptoeconomía y los mercados de capitales tradicionales, algo que es posible gracias a los miles de millones de dólares en Bitcoin que mantenemos en nuestro balance.

Ahora bien, ¿por qué esos inversores no compran Bitcoin directamente? La respuesta corta es que *no pueden*.

De los ~$100 billones de capital institucional[1], el 97 % está obligado por mandato a comprar acciones o instrumentos de crédito, no materias primas. Esto significa que hay 30 veces más dinero que puede invertirse en acciones o instrumentos de crédito respaldados por Bitcoin que en la adquisición de Bitcoin como materia prima.

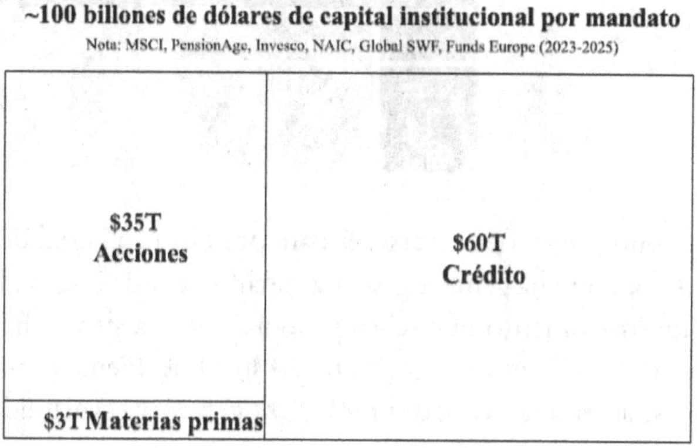

Adaptado de la presentación para inversores ATM STRD de Strategy, por valor de 4.200 millones de dólares, del 7 de julio de 2025.

LAS PALANCAS DEL PODER

Si no ha ido a una escuela de negocios, se lo resumo en una frase: "Mantenga sus opciones abiertas".

Los analistas opinarán que Strategy está sobrevalorada cuando la acción cotiza con una prima sobre el valor liquidativo[2] (NAV). Pasan por alto que no somos una sociedad fiduciaria, sino una empresa operativa.

Las sociedades fiduciarias, los fondos de inversión cerrados (CEF) y los fondos cotizados (ETF) son entidades que carecen de flexibilidad operativa para gestionar su estructura de capital. No pueden refinanciar deuda, apalancarse, recapitalizarse, comprar y vender valores ni recomprar sus propias acciones. Las empresas operativas, en cambio, sí pueden hacer todo esto.

[1]Se refiere a los recursos e inversiones financieras de grandes organizaciones, conocidas como inversores institucionales, como fondos de pensiones, compañías de seguros, fondos mutuos, fondos de dotación, fondos soberanos y fondos de cobertura.

[2]El valor total de los activos de una entidad menos sus pasivos, que suele expresarse por acción

Lo que convierte a nuestra empresa en una bestia es la opcionalidad. Cuanta más opcionalidad generamos, más oportunidades tenemos.

Las palancas del poder de la estrategia

**A partir del 21 de julio de 2025*

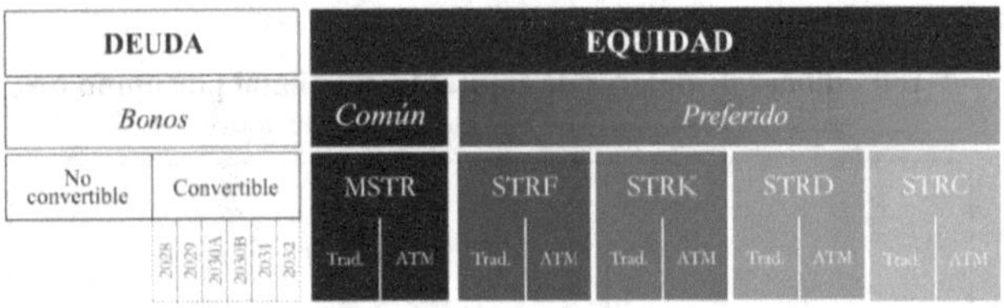

Captamos capital de inversores para prestarlo en la red de Bitcoin. Por ejemplo, a mucha gente le gustaría ganar un 8 % de interés. Podemos vender un instrumento que se los proporcione y, a su vez, invertir los fondos al 29 %.[3] ¿Cuándo no funcionaría esto? Pues bien, no funcionaría si Bitcoin se apreciara menos de un 8 % *para siempre* y la volatilidad cayera a *cero*.

Sería dilutivo para el capital ordinario si vendiéramos un instrumento de crédito fijo que pagara más que la tasa de apreciación esperada de Bitcoin, y también lo sería emitir acciones por debajo del NAV.

Entonces, ¿cómo se logra esto de forma inteligente?

Si pides dinero prestado a corto plazo (menos de cinco años), eres un **apostador** y corres el riesgo de que te liquiden. Pero si pides un préstamo a corto plazo con un tipo de interés alto (superior al 20 %), te convertirás en una **víctima de un usurero**. ¡No hagas eso, o acabarán por romperte las piernas! Del mismo modo, endeudarse a un tipo de interés alto a largo plazo te convierte en un **esclavo por deudas**, y tendrás que trabajar toda tu vida sin nada que mostrar al final.

En cambio, lo que te conviene es pedir dinero prestado a largo plazo (más de diez años) con un tipo de interés bajo (inferior al 10 %). Por ejemplo, si en 2021 conseguiste un préstamo a 30 años con un 3 % de interés para comprar Bitcoin, eres un **genio financiero**. Estás intercambiando un costo de capital del 3 % por una rentabilidad del 29 % sobre ese mismo capital.

[3]Cifra equivalente a la tasa de crecimiento anual compuesta (TCAC) de 4 años de Bitcoin a junio de 2025, mencionada en la previsión de Michael Saylor para 2046 en BTC Praga el 21 de junio de 2025.

Matriz de crédito

Si Strategy recaudara 10.000 millones de dólares ofreciendo algún tipo de cupón, estaríamos añadiendo 10.000 millones de dólares en activos al balance. Los pagos de intereses serían tan insignificantes que equivaldrían a un error de redondeo. Si nos apalancáramos demasiado, podríamos optar por vender acciones para reducir el endeudamiento. Es un vaivén continuo de apalancamiento y desapalancamiento progresivo.

El ratio de apalancamiento de Strategy (pasivos como porcentaje de los activos) osciló entre el 15 % y el 30 % durante la primera mitad de 2025. **El problema no es el apalancamiento, sino el desapalancamiento.** Si el precio de Bitcoin aumenta, el ratio de apalancamiento disminuye. Por lo tanto, nos desapalancamos de forma natural a una tasa del 29 % anual. La apreciación del precio de Bitcoin, la emisión de acciones ordinarias y la conversión de la deuda contribuyen a reducir el apalancamiento.

150 % BITCOIN

He aquí un principio sencillo: **cambie lo temporal por lo permanente.**

Strategy posee miles de millones de dólares de capital permanente en Bitcoin. El fideicomiso de Bitcoin de BlackRock (IBIT) tiene miles de millones de dólares en depósitos de Bitcoin a la vista. **Existe una diferencia entre mantener miles de millones de dólares en Bitcoin a**

perpetuidad y tener miles de millones que la gente puede retirar al día siguiente.

Strategy ha tomado la decisión estratégica de titularizar el Bitcoin como clase de activo. Estamos construyendo una enorme base de capital digital que podemos apalancar para respaldar nuestras acciones, opciones, derivados y todos los instrumentos de renta fija que emitimos.

Estructura de capital objetivo a largo plazo *(~ 3 años)*

Adaptado de la presentación para inversores de Strategy, salida a bolsa de STRC ("Stretch"), 21 de julio de 2025.

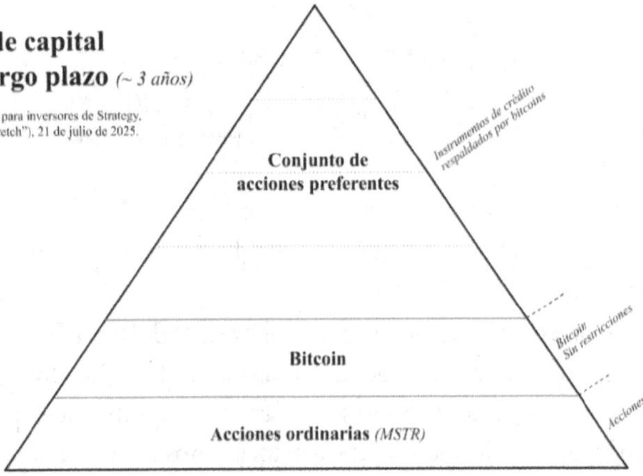

Podrías preguntar: "¡¿No están asumiendo demasiado riesgo?!". El único riesgo que corremos es el de Bitcoin. Si diversificamos ese riesgo, destruiríamos nuestra apuesta exclusiva. Podríamos comprar otra empresa de miles de millones de dólares hoy mismo, pero eso reduciría la volatilidad a la mitad, disminuiría la liquidez y acabaría con los mercados de opciones y de renta fija. La clave es que solo una empresa puede ser el banco líder de Bitcoin, y para ser esa empresa, tienes que ser Bitcoin al 150 %.

Viviremos o moriremos por Bitcoin.

COMPRANDO EN EL MÁXIMO

Siempre hay alguien que se burla de mí por comprar en el máximo.

Hay gente por ahí que todavía piensa que Bitcoin se va a ir a cero. Se regodearán de vez en cuando, pero he pasado por cosas peores. ¡Sobreviví a una caída del 99 % en mis acciones y me mantuve en el negocio! Esto no es nada comparado con eso.

Me respaldan 30 años de experiencia en el sector del software. He puesto en marcha una docena de empresas y he superado decenas de ciclos de producto, lidiando con todo tipo de situaciones. Este no es el primer capítulo de mi vida.

Nuestra estructura de capital se basa principalmente en patrimonio neto. No tenemos préstamos con margen, ni valoración a precios de mercado, ni cobertura de garantías.

Pues sí, compré en el pico. Y *seguiré* comprando en el pico, porque va a *seguir* subiendo.

Traducción: "Seguimos apostando por #Bitcoin."

CAPÍTULO VEINTINUEVE

Lecciones de Harvard

En la Escuela de Negocios de Harvard se estudiaba el caso de Strategy. Es, quizá, la mejor escuela de negocios de Estados Unidos: la cuna de los mejores y más brillantes. El profesor me llama y me dice: "Estudiamos el caso de Strategy y nos gustaría que vinieras a hablar con la clase. ¡Los alumnos están muy entusiasmados!". Ojo, esto fue *después* de que adoptáramos Bitcoin y de que la estrategia hubiera funcionado. Y esto fue lo que pasó...

Me conecté a la clase por Zoom y les conté nuestra historia. Les dije que la empresa estaba en las últimas. La compañía estaba valorada en 600 millones de dólares, y su capitalización de mercado rondaba los 5.000 millones. Llevábamos más de una década intentando hacer crecer el negocio, sin éxito. A nuestras teleconferencias con inversores asistían unas veinte personas; diecinueve de ellas eran empleados y la otra, un jubilado solitario. No sabíamos qué más hacer. La única alternativa era venderla: la **muerte corporativa**.

Finalmente, adoptamos el patrón Bitcoin. El precio de las acciones se cuadruplicó, los empleados ganaron millones y los accionistas, miles de millones. Nuestra estrategia benefició a Bitcoin, a la empresa y a nuestros clientes. Pocos meses después, nuestra capitalización de mercado superaba los 30.000 millones de dólares.

El profesor dijo: "Bueno, ya oyeron al director ejecutivo. ¿Qué opinan? ¿Lo harían?". Y a continuación, hizo una encuesta.

Primer estudiante: "No sé, parece un poco arriesgado".
Segundo estudiante: "Parece un uso inadecuado de los fondos de los accionistas".
Tercer estudiante: "No es algo que se haga habitualmente".
Cuarto estudiante: "En cierto modo, viola las convenciones de las finanzas corporativas".

Quinto estudiante: "La verdad es que no me imagino a ninguna empresa importante haciéndolo".

Juro que observé a diez alumnos, a posteriori, y todos y cada uno de ellos dijeron: "No, nunca haríamos algo así".

¿La moraleja? **El mundo está lleno de sabiduría convencional, pensadores convencionales e instituciones convencionales.**

Puedes darles la respuesta. Puedes incluso asumir el riesgo por ellos y *demostrar* que funciona. Se limitarán a mirarte fijamente y no lo harán.

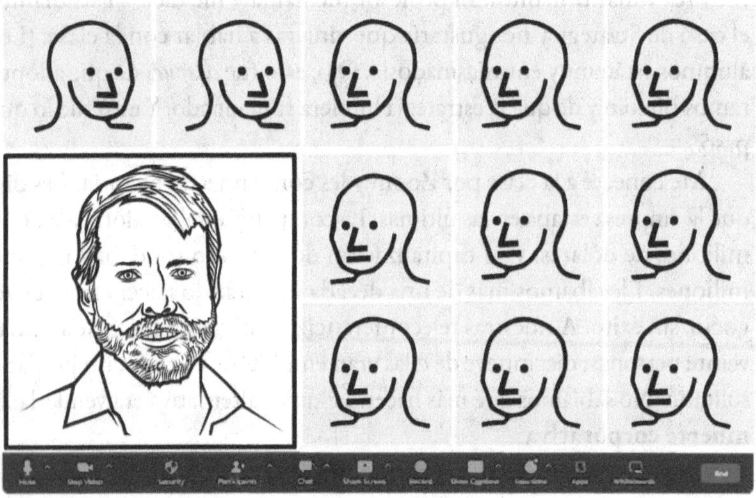

La única conclusión a la que he llegado es que no se puede predecir *quién* lo va a entender. Al fin y al cabo, esto es una revolución financiera. Pero me alegra vivir en un mundo donde la adopción crece del 1 % al 2 %, luego al 4 %, 8 %, 16 % y más allá. En ese momento, Bitcoin no será una clase de activo de 2 billones de dólares, sino una de 100 billones. Para cuando tu asesor financiero diga que está bien comprar Bitcoin, costará un millón de dólares. Cuando digan que es buena idea, valdrá 10 millones.

Cada cual recibe Bitcoin al precio que se merece.

CAPÍTULO TREINTA

Compra el futuro

RESERVA ESTRATÉGICA DE BITCOIN

Hubo un tiempo en que los Británicos pusieron sus miras en el Nuevo Mundo[I] y se percataron de que era el futuro. Este les daría el impulso necesario para ganar las guerras napoleónicas y los consolidaría como el mayor imperio de los siglos XVII, XVIII y XIX. Los recursos (materias primas, grano, comercio y mano de obra) del Nuevo Mundo abastecieron al Imperio Británico, del mismo modo que el oro del Nuevo Mundo impulsó al Imperio Español.

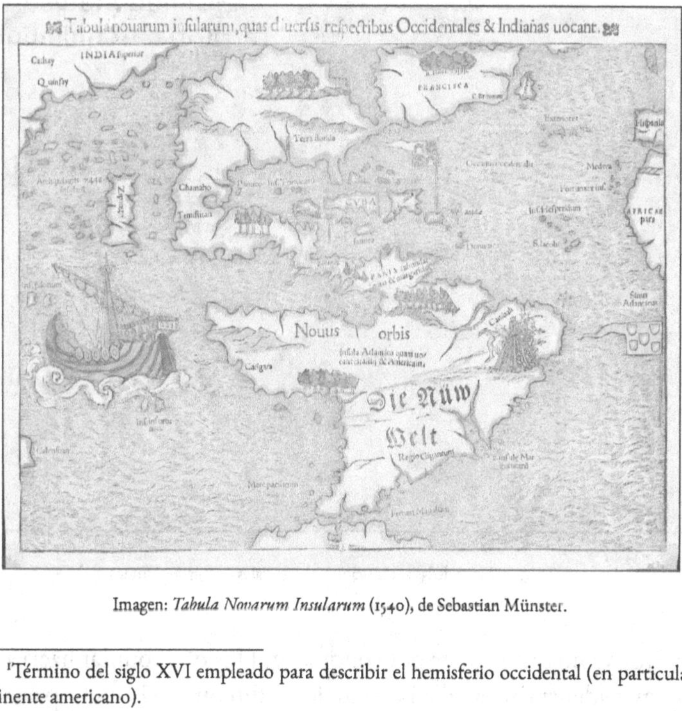

Imagen: *Tabula Novarum Insularum* (1540), de Sebastian Münster.

[I]Término del siglo XVI empleado para describir el hemisferio occidental (en particular, el continente americano).

Las naciones crecen al expandirse hacia territorios donde pueden generar una inmensa prosperidad y productividad.

Tras la guerra de independencia de los Estados Unidos, un grupo de colonias británicas en la costa atlántica ("las trece colonias") se dio cuenta de que necesitaba expandirse hacia el oeste. A medida que se expandieron hacia el oeste, Estados Unidos se convirtió en una potencia formidable. La Compra de Luisiana (1803) duplicó el territorio de Estados Unidos (Napoleón vendió el territorio para financiar una guerra que acabaría perdiendo). Luego vino la adquisición de Texas, Nevada y los territorios occidentales de California. Adquirimos Alaska (1867) a los rusos, que resultó tener billones de dólares en minerales y energía bajo su superficie (eso es el destino manifiesto).

Ir hacia el oeste resultó ser una buena idea. Forjó a Estados Unidos. Creó Hollywood, que nos convirtió en la capital cultural del mundo. Creó Silicon Valley, que nos convirtió en la capital tecnológica del mundo.

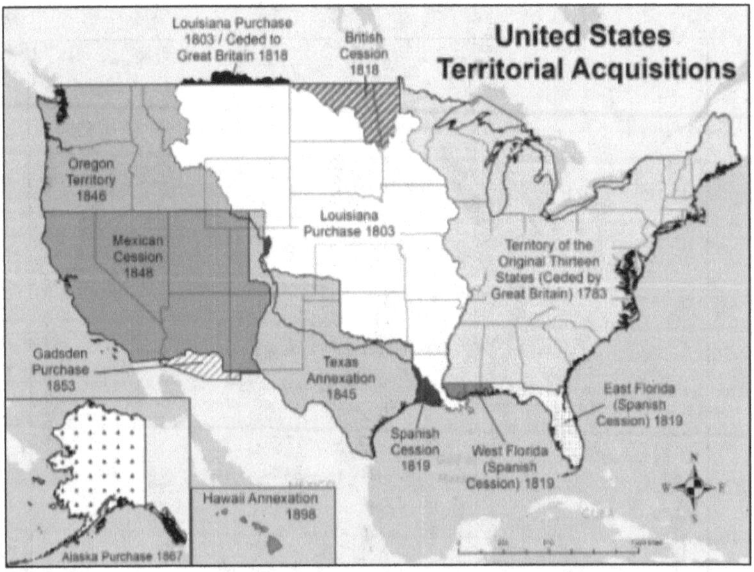

Imagen: Mapa de las adquisiciones territoriales de Estados Unidos

Hoy ya no queda oeste por conquistar. Hay que apuntar hacia arriba. Hay que adentrarse en el ciberespacio. Y Bitcoin *es* el ciberespacio. Esa es la nueva frontera. **La lógica de la reserva estratégica de Bitcoin es sencilla: comprar el futuro.**

El término "reserva" sugiere que se compra "por si acaso", pero en realidad se trata de la expansión estratégica de Bitcoin. Es como plantar una bandera en el ciberespacio, el lugar hacia donde está a punto de confluir todo el dinero del mundo. Conviene llegar allí antes que el resto. Si Estados Unidos adquiere el 20 % del ciberespacio, todo el capital de los activos de los siglos XIX y XX (como el oro, los bienes inmuebles, los bonos y las acciones) y de los mercados mundiales (incluidos China, Rusia, Sudamérica, Asia, África y Europa) fluirá hacia el ciberespacio.

Bitcoin vencerá, pero no todos saldrán ganando.

LA MEJOR OPCIÓN POSIBLE

Todo el mundo utiliza la deuda soberana estadounidense. La usan nuestros aliados y la usan nuestros enemigos. Si alguien decidiera recapitalizar su empresa o país en algo distinto a las letras del Tesoro estadounidense, no volvería al oro. Tampoco a la plata, los abalorios de cristal, los fardos de tabaco o las conchas marinas. No utilizan sus propias monedas *fiat* porque todas las demás son más débiles que el dólar estadounidense. Tienen que recurrir a algo más fuerte, rápido e inteligente. Tendrán que recurrir a Bitcoin. Conviene comprarlo porque es una inversión inteligente, pero también para el momento en que la gente pierda la fe en todos los demás instrumentos.

MONEDA DE RESERVA MUNDIAL VS. CAPITAL DE RESERVA

En un mundo post-Satoshi, el dinero se desdobla en moneda y capital. La moneda es el medio de cambio, la de curso legal. El dólar es la moneda de reserva mundial, y todo lo demás está anclado a él. La moneda china está anclada al dólar, la emiratí también, y el euro está casi anclado al dólar. Estados Unidos posee la moneda de reserva del mundo, lo que supone una gran ventaja.

El otro aspecto del dinero es el capital, un depósito de valor a largo plazo. Los ricos han utilizado los bienes inmuebles, las acciones y el índice S&P como capital. Las instituciones, los bancos y las compañías operativas han recurrido a la deuda soberana como capital. Pero he aquí la gran idea: quienes utilizaron bienes inmuebles y acciones como capital (el fondo de dotación de la Universidad de Harvard, Bill Gates, etc.) siguen siendo ricos, mientras que quienes utilizan la deuda soberana como capital (por ejemplo, los bancos) son insolventes. En los últimos cuatro años, los rendimientos nominales han sido del -5 %. ¿Y quién más utiliza la deuda soberana como capital? Las compañías operativas que cotizan en bolsa. Se ven obligadas a utilizar un capital débil. El dólar estadounidense es excelente como moneda, pero no como capital.

Una vez que Estados Unidos adopte Bitcoin como capital de reserva mundial y cree una reserva estratégica de Bitcoins, **las empresas y los bancos estadounidenses tendrán el camino libre para recapitalizarse con Bitcoin.** Ya no tendrán por qué morir. A menudo no nos ponemos en el lugar de una empresa o un banco cuyo capital se basa en un activo que se está derrumbando. El uno por ciento de las empresas del S&P 500 se lleva todas las ganancias, ¡pero las demás también se esfuerzan mucho!

Bitcoin es el futuro capital de reserva mundial y la futura red de capital. La receta para la prosperidad en el siglo XXI es la siguiente: poseer el capital de reserva mundial, gestionar la red de capital de reserva mundial y beneficiarse del crecimiento del capital de reserva mundial.

SIGUE AL LÍDER

> *"El conocimiento por sí solo no es poder, pero alberga el potencial de convertirse en poder si lo usamos como guía para la acción. El futuro no pertenece a las ideas, sino a las personas que actúan en consecuencia".*
>
> —G. EDWARD GRIFFIN (*The Creature from Jekyll Island*)

Resulta evidente que la ventana de Overton se está desplazando. En 2020, la pregunta era: "¿Va a prohibir el gobierno de Estados Unidos Bitcoin?". Ahora el debate es: "¿Cuánto Bitcoin debería poseer o comprar el gobierno de Estados Unidos?". La Ley BITCOIN de 2024[2] va mucho más allá de la simple compra de algunos Bitcoins. Sienta las bases éticas, económicas y técnicas para revitalizar el sistema bancario, las empresas que

[2] Ley para el Fomento de la Innovación, la Tecnología y la Competitividad mediante la Inversión Optimizada a Nivel Nacional de 2024, presentada por la senadora Lummis (R-WY).

cotizan en bolsa y las instituciones de Estados Unidos (y del mundo). Estados Unidos lo hará primero, pero todos los demás países lo seguirán. Del mismo modo que nos siguieron cuando empezamos a construir aviones y aeropuertos, y nos siguieron cuando adoptamos la electricidad.

El mundo quería el petróleo de John D. Rockefeller. El mundo quería los automóviles de Henry Ford. El mundo va a querer Bitcoin.

Lo más inteligente que puedes hacer es comprar lo que todos los demás podrían querer antes de que lo consigan.

LA FIEBRE DEL ORO DIGITAL: PUNTO99[3]

A mediados de 2025, existirán 19,8 millones de Bitcoins. Para 2034, habrá 20,8 millones. Ese es el punto en el que se habrá minado el 99 % de todos los Bitcoins.

Los últimos 200.000 Bitcoins se emitirán a lo largo de 106 años. ¿Qué significa esto? Que se va a producir un *shock* de precios reflexivo. En el Punto99, la creación de nuevos Bitcoins se ve compensada por los que se pierden, y la oferta, en la práctica, se vuelve fija. Es el punto de inflexión en el que el Bitcoin se convierte en el primer activo con efecto deflacionario del mundo. No existen manuales sobre esto, pues nunca antes ha habido nada parecido.

Tiene menos de 10 años para hacerse con su parte, así es la fiebre del oro digital.

[3]Valores actualizados hasta julio de 2025 desde la fecha de la presentación original (septiembre de 2024).

CAPÍTULO TREINTA Y UNO

21 reglas de Bitcoin

La humanidad ha vivido durante miles de años con dinero defectuoso: conchas, fardos de tabaco, abalorios de cristal, cobre, etc. Algún día miraremos atrás y nos reiremos de las monedas de plata y los trozos de papel. Nos preguntaremos cómo pudo la humanidad llegar tan lejos.

Bitcoin es el primer dinero perfecto del mundo—una singularidad en la que la ciencia colisiona con la economía. Así como la ciencia colisionó con la astronomía en la revolución copernicana y nos dimos cuenta de que la Tierra no era el centro del universo, o cuando colisionó con la medicina y comprendimos que las enfermedades no las causan los demonios. Todo a su alrededor está distorsionado y tiene que romper sus esquemas para ver el mundo con claridad. Albert Einstein lo hizo con la relatividad general, como también lo hicieron los demás grandes científicos. Satoshi Nakamoto introdujo un cambio de paradigma en el pensamiento económico y monetario.

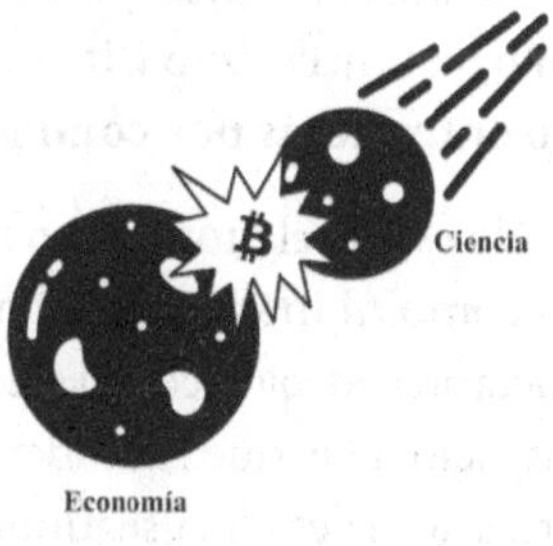

Bitcoin marca el comienzo de una nueva era de comprensión económica que transformará profundamente nuestros sistemas políticos y financieros, y nuestra forma de ver el mundo. Cada quien tiene sus propias reglas sobre Bitcoin. No tengo la presunción de conocer *las* 21 reglas definitivas, pero estas son *mis* 21 reglas.

1. **Quien entiende Bitcoin, lo compra; quien no lo entiende, lo critica.**

   ¿Cuánta gente critica Bitcoin después de dedicarle 100 horas de estudio? ¿Conoce a alguien? Yo no.

   Como ocurre con cualquier cambio de paradigma, todo el mundo habla de ello. Pero no está claro que se entienda algo simplemente por hablar de ello. Cuando alguien capta el concepto del Bitcoin, no se limita a hablar de ello, sino que corre, en lugar de caminar, a comprarlo. Cuando lo entendí, tuve que comprarlo. El mundo está lleno de críticos porque aún no han comprendido el cambio de paradigma que supone Bitcoin. Y si alguien no lo entiende, tendrá innumerables críticas.

2. **Todo el mundo está en contra de Bitcoin antes de estar a favor.**

   ¿Por qué tal banquero o cual político está en contra de Bitcoin? La reacción natural de una institución, un sistema político y un intelecto sano es, en un principio, rechazar las ideas nuevas y profundas. Esto no debería desanimarnos ni sorprendernos.

3. **Nunca se termina de aprender sobre Bitcoin.**

   Si crees que ya has entendido Bitcoin, que lo has estudiado y estás seguro de que lo dominas, significa que todavía no lo has comprendido del todo. **Solo has entendido Bitcoin cuando te das cuenta de que nunca lo entenderás por completo.**

   ¿Qué es Bitcoin? No es solo el protocolo o el programa informático; tampoco es solo cómo *tú* interactúas con él. Bitcoin es un virus económico, monetario e ideológico. Su efecto se propagará a través del tiempo y el espacio. Hay que entender cómo interactuarán los grupos de usuarios actuales en la segunda, tercera y cuarta capa, y así sucesivamente. Hay que pensar en las personas que todavía no han descubierto Bitcoin y en lo que harán con él. Hay que imaginar lo que diez mil millones de personas harán con Bitcoin dentro de cien años, a través de millones de instituciones distintas, mediante protocolos y extensiones de Bitcoin que todavía no se han concebido ni inventado.

Cuando uno se plantea cómo esta idea se propagará a través del tiempo, el espacio, la complejidad y las infinitas formas en que la humanidad puede organizarse, comprende la verdadera dimensión de Bitcoin. ¿Cómo utilizará Bitcoin una entidad de inteligencia artificial creada en 2035, que viva en el ciberespacio dentro de cincuenta años y esté integrada con otro millón de inteligencias artificiales? Es una reacción en cadena de gran alcance. Es un incendio en el ciberespacio. Por supuesto, una vez que asimilas esta idea, te das cuenta de que es imposible saber todo lo que pasa por la mente de miles de millones de personas, de millones de empresas o de miles de millones de inteligencias artificiales que están por llegar. De ahí surgen la humildad y el afán por seguir estudiando. Quienes han adoptado Bitcoin se dan cuenta de que nunca dejarán de aprender. Nunca.

4. **Bitcoin se alimenta del caos.**

Cuando pones tu dinero en un banco, se lo estás prestando a un país.
Cuando compras una acción, le estás prestando tu dinero al equipo directivo.
Cuando compras un edificio, le estás prestando tu dinero al alcalde.

Cuando compras Bitcoin, le estás prestando tu dinero a los señores de la entropía y a los dioses del caos.

Imagina que te diera mucho dinero y te situara en la Europa de antes de la Segunda Guerra Mundial. Entonces tienes una opción: puedes comprar cualquier terreno, edificio, obra de arte, empresa, bono o divisa en Europa. Puedes comprar cualquier activo en cualquier país que esté a punto de entrar en combate en la Segunda Guerra Mundial o ser propietario del único banco de Suiza que custodia todo el dinero en nombre de todos los combatientes. Si estalla la guerra (la guerra es una metáfora del caos y la entropía acelerados), te das cuenta de que cualquier edificio puede ser volado por los aires, cualquier empresa puede quebrar, cualquier terreno puede no conservar su valor, los contratos de alquiler pueden ser anulados y todas las divisas pueden colapsar. Cuanto mayor sea el caos, la destrucción y la devastación, más valioso se vuelve ese banco.

La segunda ley de la termodinámica establece que no se puede detener la entropía: solo va en una dirección. El caos continuará. **Bitcoin se alimenta del caos. Y el caos superará a las ciudades, a las empresas, a los países, a las culturas y a todo lo demás.** Entonces, la pregunta es: "¿Te dedicas a beneficiarte del caos o intentas detenerlo?".

5. **Bitcoin es el único juego del casino en el que todos podemos ganar.**

   Si entras en un casino, todos los juegos, excepto el póker, están amañados en tu contra. Y a menos que seas un jugador de póker profesional, ese juego también está amañado en tu contra. Puede que encuentres un juego en la vida en el que puedas ganar durante un tiempo, si eres un experto en un negocio o una región en particular, pero no hay ningún juego en el que todo el mundo pueda ganar todo el tiempo.

   Bitcoin es el casino. Cualquiera que quiera participar en ese juego puede seguir ganando. La única forma de perder en el juego de Bitcoin es no jugar o retirarse demasiado pronto (antes de que las probabilidades jueguen a tu favor). Así que entra en el casino, siéntate, juega al juego de Bitcoin y no te rindas. En cualquier otro juego, acabarás perdiendo a largo plazo porque no controlas la banca. Incluso cuando crees que tienes el monopolio del mercado, los Señores de la Entropía alterarán tu frágil equilibrio.

6. **Bitcoin no puede protegerte si no llevas la armadura.**

   Si fueras a atravesar el fuego, no protegerías solo el 1 % de tu cuerpo. De nada sirve hablarle de Bitcoin a todo el mundo si tienes demasiado miedo para comprarlo. De nada sirve comprarlo si no lo controlas. De nada sirve controlarlo si solo inviertes el 1 % de tus activos en él y el resto se va a cero. Si ese 1 % se multiplica por 20 o 100, echarás la vista atrás y pensarás que habría sido mucho mejor que no se te hubiera quemado el 99 % del cuerpo. Quizás deberías haber protegido más del 1 %. No te dejes un talón de Aquiles.

7. **Bitcoin es lo único del universo que puedes poseer realmente.**

   Bitcoin es información que se manifiesta como valor económico. La red debe ser robusta, descentralizada y ética. Pero si encuentras una red criptográfica que sea sólida en lo económico, en lo técnico y en lo ético (y ya tenemos una: Bitcoin), la posesión de las claves equivale a su propiedad. Todo lo demás que tienes en la vida lo posees a merced de alguien más poderoso que tú, ya sea el alcalde, el gobernador, el estado-nación o una gran empresa. Sea lo que sea o quien sea. Crees que es tuyo, pero solo lo conservas hasta que te lo arrebatan mediante expropiación, impuestos o regulaciones. Y en ausencia de todo ello, te lo arrebatarán el paso del tiempo, la entropía y el caos. Salvo Bitcoin. Es lo único que, si lo posees, el paso del tiempo no hace más que aumentar su valor. El caos solo aumenta su valor. Nadie en el mundo puede arrebatártelo. Es lo primero en la historia de la humanidad que puedes poseer de verdad. Redefine el concepto de propiedad.

8. **Cada cual obtiene Bitcoin al precio que se merece.**

   En diciembre de 2013, publiqué un tuit en el que decía que los días del Bitcoin estaban contados y que probablemente seguiría el mismo camino que las apuestas en línea. En aquel momento, cotizaba a 892 dólares. ¡Grave error! **La decisión de comprar Bitcoin es un acto de humildad.** Exige el coraje para superar tus miedos, incertidumbres y dudas, así como la lucidez para darte cuenta de que necesitas romper con tus convenciones, ceremonias, rituales e historia.

   Yo empecé a comprar a 9.500 dólares. Tuve el precio que me merecía. Pero no pasa nada; seguiré comprando a 95.000 y también a 950.000 dólares. En ese punto, algún tertuliano televisivo dirá: "Parece sobrecomprado. Creo que bajará hasta los 800.000 dólares". Y dejarán pasar la oportunidad. Al final, comprarán a 8 millones de dólares y tendrán el precio que se merecen.

9. **Solo compra Bitcoin con el dinero que no te puedes permitir perder.**

   Una frase clásica en el mundo de la inversión es *solo invierte el dinero que puedas permitirte perder*. Si dirigiera un casino donde las probabilidades estuvieran en tu contra, pondría esa advertencia en mis anuncios. Cuando le dices a la gente que solo invierta en tu criptoactivo o idea de inversión el dinero que puede permitirse perder, estás equiparándolo moralmente a un juego de azar, donde las probabilidades están en tu contra. Básicamente, estás diciendo que lo que ofreces no es mejor que cualquier juego absurdo en el que lo más probable es que pierdas.

   Nadie ha dicho nunca: "Sube a los niños al autobús escolar solo si no necesitas que vuelvan", o "Vuela en mi avión solo si no necesitas llegar a tu destino". Un ingeniero no dice: 'Cruza mi puente solo si no necesitas llegar al otro lado'. Y por eso, lo que yo digo es: "Solo compra Bitcoin con el dinero que no te puedes permitir perder".

   No se debe equiparar el desconocimiento de alguien sobre Bitcoin con la incapacidad de comprender el concepto de dinero perfecto. No invertimos en él porque quisiéramos correr riesgos; invertimos en él por aversión a un mundo que nos obliga a correr riesgos con todo lo demás, donde los riesgos se acumulan en nuestra contra y no se revelan. El mundo entero se define por un conjunto de métricas sintéticas: IPC, IPP, desempleo, PIB, etc. Esa es la Matrix en la que vives. Bitcoin es mejor. Acéptalo.

10. **Los boletos para escapar de la Matrix se cotizan en Bitcoin.**

    Si no tienes Bitcoins, no puedes pagar tu salida de la Matrix. Y hasta que no entiendas que necesitas pagar tu salida de la Matrix con Bitcoins, no entiendes ni la Matrix ni Bitcoin.

Catch-21: Adopción del Bitcoin

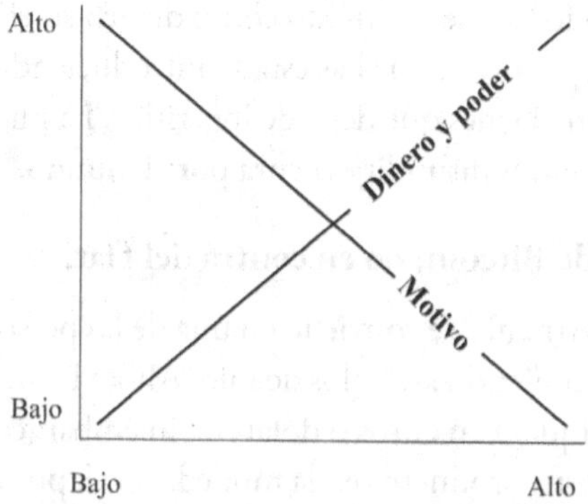

11. **La comprensión de Bitcoin se limita a quienes tienen la *necesidad de saber*.**

Hay gente con mucho dinero y poder, pero sin un motivo. Y existe gente con el motivo, pero sin dinero ni poder.

La gente que no entiende Bitcoin, Warren Buffett, los banqueros y los ricos, no tiene la necesidad de saber. Por eso no lo ven. Cuando vives cómodamente en el mundo occidental, todo parece estar bien. Pero cuando tu mundo pierde estabilidad, entonces verás lo que Bitcoin es en realidad. Así que no te extrañe que la gente vea Bitcoin y no lo entienda.

12. **Todos tus modelos quedarán destruidos.**

Cuando miran hacia atrás, los estadísticos suelen centrarse en series temporales de datos históricos. Es como analizar a los soldados con arcos y flechas de hace 3000 años y luego intentar realizar pruebas retrospectivas de sus modelos para comprender cómo los explosivos y los aviones afectarán a la forma de organizar sus formaciones. Los modelos ya no tienen sentido ante avances tecnológicos tan significativos. Si entiendes Bitcoin, te das cuenta de que tienes que desecharlos todos cuando aparece Godzilla.

13. **La cura para el mal económico es la píldora naranja.**

Bitcoin es el dinero perfecto. Una vez que lo entiendes, te das cuenta de que todo lo que has usado como dinero en el pasado es tóxico. El capital y la divisa que has estado introduciendo en tu sistema te perjudican. Tienes que dejar de ingerirlos. La píldora naranja es la cura. Debemos difundir esa cura por el mundo.

14. **A favor de Bitcoin, no en contra del fíat.**

Bernard Arnault[1] se convirtió en una de las personas más ricas del mundo vendiendo artículos de lujo. Ahora bien, no va a convertir toda su riqueza en euros o dólares. Sin embargo, Arnault fijará el precio de sus productos en la moneda local, pues es consciente de que la gente prefiere cambiar su dinero por un bolso, champán o incluso Bitcoin. Estamos a favor de algo hermoso, elegante, potente e inspirador. No hace falta estar en contra de lo demás. El noventa y nueve por ciento de la riqueza mundial se conservará en activos distintos de las divisas, y de esa porción, la mitad probablemente estará en Bitcoin.

15. **Bitcoin es para todos.**

Bitcoin es para la gente que te desagrada y con la que no estás de acuerdo. Y van a comprar Bitcoin. El bot de inteligencia artificial funcionará con Bitcoin. El robotaxi que te quitó el trabajo funcionará con Bitcoin. Deberías alegrarte, porque eso multiplicará el precio de tus Bitcoin por 10, 100 o 1000. No tienes por qué apreciarlos ni adoptar su ideología. Pero debes darte cuenta de que cuantas más personas se unan al sistema de Bitcoin, ya sean tus enemigos, una religión que te es indiferente o un país con el que tienes diferencias, todas están contribuyendo a Bitcoin. Y si de verdad crees en Bitcoin, te estarán ayudando a ti.

16. **Aprende a pensar en Bitcoin.**

Bitcoin se ha revalorizado un 50 % anual durante los últimos cuatro años. Esto significa que la tasa libre de riesgo (el coste de capital) es

[1] Bernard Arnault es fundador, presidente y director ejecutivo de Louis Vuitton Moët Hennessy (LVMH), la empresa de artículos de lujo más grande del mundo.

del 50 %. De modo que tienes la opción de pedir dinero prestado al 5 %, invertirlo en Bitcoin con un rendimiento del 50 % y quedarte con el 45 % de diferencia. Veo empresas de Bitcoin que quieren captar fondos para prestarlos a una contraparte al 15 %. ¿Por qué prestarle a una contraparte al 15 % cuando puedes obtener un 50 % con Bitcoin?

Seamos conservadores y digamos que Bitcoin se revalorizará un 24 % anual durante los próximos 10 años. ¿Acaso tienes alguna idea de inversión que rinda más de un 24 % al año, más la prima de riesgo, y que además sea escalable durante la próxima década? La mayoría de la gente tiene una idea equivocada. No piensan en clave de Bitcoin y, por eso, cometen errores.

17. **Tú no cambias a Bitcoin. Bitcoin te cambia *a ti*.**

Bitcoin es un enjambre de ciberavispones. Seguirá aquí mucho después de que hayas muerto. Es más grande, más fuerte, más poderoso y más inteligente que tú.

Taleb escribe sobre los intelectuales idiotas: personas con doctorados en ingeniería aeronáutica que dan discursos sobre cómo hacer que los pájaros vuelen mejor. Si te ves dándole lecciones a un águila sobre cómo volar, eres de los que piensan que pueden cambiar a Bitcoin. No eres más inteligente que millones de empresas, miles de millones de personas y decenas de miles de millones de personas que vendrán. El mundo es grande, el mercado es grande, y no vas a cambiarlo. Lo intentarás, pero sería mucho más inteligente por tu parte cambiar tú mismo.

18. **Los ojos láser te protegen de un sinfín de mentiras.**

La gente piensa que "Rayos láser hasta 100" es solo un meme, pero no lo es. Los ojos láser te salvarán. Significan que tienes que evitar las distracciones que dispersan tu atención.

Cuando el precio de Bitcoin pase de 10.000 a 100.000 dólares, habrá alguien que cante victoria, se quite los ojos láser y se ponga a montar 16 negocios de porquería porque se cree un genio. Las ideas de nuevos negocios tienen una tasa de mortalidad del 99,9 %, ¿pero estás seguro de que *la tuya* va a funcionar? Todo el mundo te dirá que tiene una idea mejor que Bitcoin. ¡Dirán que el momento de Bitcoin ya pasó! El orgullo precede a la caída.

La capitalización de mercado de Bitcoin pasará de 1 billón de dólares a 10 billones, a 100 billones y a 500 billones. A esas alturas, crecerá más que cualquier otra cosa. Los ojos láser representan la humildad. No los menosprecies; adóptalos.

19. **Respeta Bitcoin, o te convertirá en un payaso.**

Llegué al Bitcoin y dediqué todo mi tiempo a aprender sobre él. Soy consciente de que aún no sé todo lo que hay que saber sobre Bitcoin. Pero sí sé que es más grande que todos nosotros, más fuerte que todos nosotros y que perdurará más que todos nosotros. No seas el típico que llega y dice: "¡Acabo de oír hablar de Bitcoin y he venido a arreglarlo!". Ten un poco de respeto.

20. **No vendas tus Bitcoin.**

Bitcoin es energía: consérvala. Bitcoin es vida: no la derroches. Cuando el fuego impide que tu familia se congele, no dejes que se apague. Satoshi te dio energía económica. Puedes capturarla, poseerla y conservarla. No la derroches. Cada vez que vendiste Bitcoin, renunciaste al activo con el mejor rendimiento del mundo para comprar ¿qué? Diversificar es vender al ganador para comprar a los perdedores.

El mundo entero está diseñado para convencerte de que vendas tus Bitcoin. ¡No vendas tu Bitcoin! Todo lo demás es inferior. Solo vendes tus Bitcoin cuando lo necesitas para preservar tu vida y la de tus seres queridos.

21. **Difunde Bitcoin con amor, no con odio.**

La violencia engendra violencia. La agresión inspira resistencia. Cuando la gente no entiende el Bitcoin, le tendrá miedo y se resistirá, pues temen a lo desconocido. Si a alguien no le gusta el Bitcoin y lo llama estafa, tu reacción debería ser: "No necesitan saberlo. No entienden que el mundo está lleno de gente que necesita Bitcoin".

Lo mejor es decirles con amabilidad que aún no lo entienden. Porque si lo entendieran, no pensarían así. Si reaccionas con odio, solo entorpeces su aprendizaje. Si los tratas con bondad, lo recordarán y lamentarán su actitud. Cuando por fin descubran Bitcoin, volverán y lo aceptarán. Si facilitas que la gente acepte Bitcoin, lo hará más rápido.

No le des a la gente el pretexto de que los Bitcoiners son antipáticos, maleducados o agresivos. Porque entonces toda la conversación se desvía hacia una discusión sobre algún asunto irrelevante o secundario. En lugar de eso, ve puerta por puerta, persona por persona, institución por institución, nación por nación, y ofréceles algo que mejorará sus vidas. Ofréceles Bitcoin. ¡Y hazlo con amor, no con odio!

CAPÍTULO TREINTA Y DOS

Ganarse los corazones y las mentes

ALEGRE Y CONSTRUCTIVO

Es evidente que algunas personas no entienden o aprecian Bitcoin como nosotros. Sin embargo, nadie cambiará de opinión si los insultas o los dejas en ridículo públicamente. Además, es más probable que le hagas cambiar de opinión a alguien en privado que en público.

La batalla no consiste en convencer a los "verificados" (influentes con cuenta verificada) que ya tienen una opinión formada, sino en ganarse a los indecisos y a los que desconocen el tema. No espero hacerle cambiar de opinión a alguien con muchos seguidores que critica Bitcoin, pero quizá pueda aportar algo a sus seguidores.

Si una estrella de rock con dos millones de seguidores publica algo como "Bitcoin está haciendo hervir los océanos", no voy a responderle con un insulto. Si lo hiciera, todos sus fans que ni siquiera saben qué es Bitcoin lo verían inmediatamente con malos ojos porque le falté el respeto a su músico favorito. Por lo tanto, no sirve de nada desahogar la frustración ni aportar toxicidad. En cambio, si ofrezco un punto de vista constructivo, existe la posibilidad de que la gente lo lea y lo tenga en cuenta.

Mi opinión es que hay que ser amable y constructivo en las redes sociales. No quiero ganarme enemigos, porque no van a apoyar nada de lo que diga. Es más, puede que incluso se opongan con más fuerza, y al final, no habré conseguido nada. Pero lo peor no es que alguien te odie, sino que le resultes indiferente y te considere irrelevante.

Tengo un solo objetivo: quiero que todo el que no conozca Bitcoin lo descubra, y que todo el que ya lo conoce lo entienda mejor.

ARREGLA EL DINERO, ARREGLA MEDIO MUNDO

Creo que la energía digital vale la mitad de todo. Si el capital mundial es de 900 billones de dólares, la energía digital vale 450 billones. A eso podemos llamarlo "dinero". Pero esta es la cuestión de fondo: tenemos una solución para *la mitad* de todo. Podemos arreglar *medio* mundo; para la otra mitad no tenemos solución.

Cuando Estados Unidos entró en Afganistán y derrocó a los talibanes, ¿qué pusimos en su lugar? ¿Teníamos alguna solución para eso? ¿Y qué me dices de Irak? ¿O una solución para gobernar Turquía y sustituir la lira? No tengo ni idea de cómo hacerlo. **Lo único que sé es que, cuanto más Bitcoin, mejor.**

MANTÉNGASE EN SU CARRIL

¿Cuál es la teoría básica del marketing? No te desvíes de la marca.

¿Cuál es la teoría política básica? Manténgase fiel al mensaje.

¿Acaso quiero opinar sobre Facebook contra Apple? ¿O sobre los impuestos a la propiedad de Nuevo Hampshire? No, me centro en lo mío. Me enfocaré en temas muy específicos: cómo ven los reguladores el Bitcoin, cuál es su posición frente a otros tokens cripto y la definición de propiedad digital. También haré hincapié en la adopción del Bitcoin (tanto institucional como individual), su tecnología y la educación al respecto. Y si alguien me ofrece una plataforma, ya sea de izquierda, de derecha o de centro, para compartir algo positivo, optimista y constructivo, la aprovecharé.

Cada día, al despertar, solo hay una cosa verdaderamente útil que podemos hacer: convencer a alguien de que convierta cualquier otra forma de propiedad en Bitcoin. Vende tu oro y compra Bitcoin.

Vende tus bonos y compra Bitcoin. Vende cualquier propiedad o activo que tengas y compra Bitcoin. Eso es lo único que importa por encima de todo.

No hace falta cambiar las convicciones políticas, las creencias religiosas o la dieta de nadie; esas son batallas aparte. Entrar en esos debates solo nos desvía y nos distrae. Tengo miles de opiniones, pero la única que creo que merece la pena compartir públicamente es: "Bitcoin es bueno: es buena tecnología". No me importa quién seas ni de dónde vengas; estarás mejor con Bitcoin. Tu país, tu religión, tu familia y tu empresa también estarán mejor. Deberíamos dar la bienvenida a todo el mundo al ecosistema por la vía que sea, a la vez que lo canalizamos todo de forma constructiva hacia un enfoque milimétrico en el Bitcoin.

LA MEJOR MARCA

Bitcoin es el activo de inversión más extendido del mundo. Doscientos millones de poseedores tienen un interés económico en él.

Viajo por todo el mundo. Al bajar del avión en Suiza, un operario con un chaleco amarillo me para y me cuenta que está comprándole Bitcoin a su hija, recién casada. Paseaba por una playa en Italia y un bañista gritó mi nombre. Puedo entrar en una sala llena de multimillonarios o en un bar de barrio, y todos saben quién soy. Me pasa en Uruguay, Grecia, Brasil, México, Londres, Nueva York y Asia. ¿Por qué?

Bitcoin es un equipo deportivo con cientos de millones de aficionados en todas las ciudades del planeta, todos con el mismo objetivo. ¡Es la solución económica global para todo el mundo!

CAPÍTULO TREINTA Y TRES

La volatilidad es vitalidad

La gran ironía es que casi todo el mundo piensa que Bitcoin es arriesgado porque es volátil. Pero es volátil porque tiene el *menor* riesgo. Bitcoin es el mercado de capitales más líquido, deseable, apalancable y accesible del mundo, lo que significa que todo el mundo expresa su sentir cada minuto de cada día.

Esa volatilidad atrae a operadores (que obtienen una rentabilidad superior), a inversores (que consiguen mayores ganancias) y a financieros (que pueden titulizar la clase de activo). Soluciona el problema de 300 millones de corporaciones con una estructura de capital defectuosa.

> *"Defino el riesgo como la probabilidad de un mal resultado, y la volatilidad es, en el mejor de los casos, un indicador de la presencia de riesgo. Pero la volatilidad no es el riesgo."*[1]
>
> —HOWARD MARKS

La volatilidad tiene mala fama. Pero **la volatilidad es vitalidad. Es simplemente el movimiento.** Lebron James es volátil. Hay una diferencia entre moverse rápido con mucha energía y correr riesgos. Uno quiere tener la energía; el riesgo es no tenerla si el otro la tiene.

Todos los demás activos no volátiles (es decir, el oro, los bonos, etc.) tienen un rendimiento real negativo; es solo cuestión de cuánto. Si uno tuviera efectivo no volátil cuyo poder de compra disminuyera un 30 % en un lapso de ocho semanas, a ese ritmo, no sobreviviría la década. Así que la disyuntiva es aceptar cierta volatilidad para poder sobrevivir, o no tener ninguna y ver cómo se te va la vida por las venas.

---

[1] *What Really Matters*, Oaktree Capital Management, Memorándum para clientes, 22 de noviembre de 2022.

Traducción: "La volatilidad es un regalo para los fieles."

Las escuelas de negocios suelen enseñar a eliminar la volatilidad de los balances y las cuentas de resultados. Ahora bien, está bien eliminarla de las cuentas de resultados, pero no está bien eliminarla del balance. Aceptar un balance volátil con unas cuentas de resultados estables es una estrategia superior. De este modo, es posible captar capital en lugar de regalarlo (mediante dividendos y recompras de acciones). Antes de Bitcoin no existía un activo de capital perfecto, y entiendo por qué las empresas no construían sus balances en torno a él; simplemente no podían. Ahora pueden, y estamos en una fase muy temprana.

La revolución de las finanzas corporativas gira en torno a una idea sencilla: la volatilidad no es un defecto, sino una cualidad.

Hay *Bitcoiners* que han vivido los últimos diez años y son el producto de su experiencia. Son héroes, y los respeto. Cuando has pasado por algo así, aprendes a ver más allá de la volatilidad.

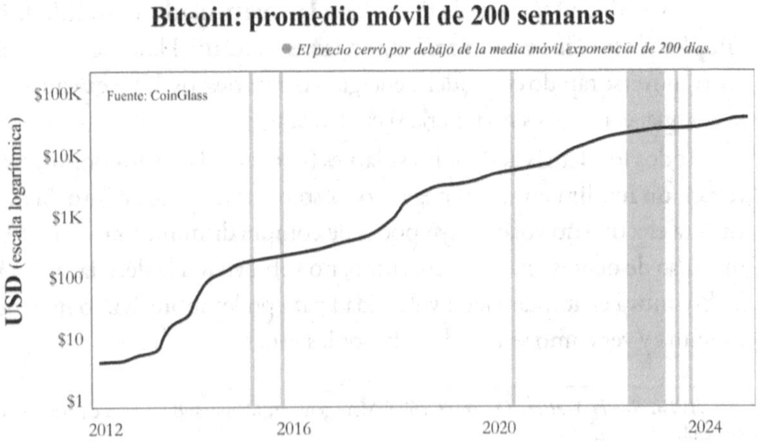

Pero la próxima década no se parecerá a la anterior. En los próximos diez años, las instituciones inyectarán y retirarán miles de millones de dólares del mercado. Amortiguarán toda la volatilidad porque les conviene. Por lo tanto, si hay volatilidad, será al alza y para el bien de todos.

UNA CUESTIÓN TRIBUTARIA

El gobierno puede destruir cualquier activo mediante su tratamiento fiscal. ¡Por lo tanto, los impuestos son muy importantes!

El mejor tratamiento es el de **moneda de curso legal**; se puede poseer y transferir sin pagar impuestos. El segundo mejor es el de las **ganancias de capital**, un impuesto sobre la venta de bienes revalorizados. El peor tratamiento fiscal es el **impuesto sobre la propiedad**, que es un impuesto sobre el tiempo; cada año hay que pagar un porcentaje del valor total de mercado, independientemente de que se venda o no. En 35 o 40 años, los impuestos sobre la propiedad consumen su patrimonio. Generalmente, las mejores estrategias son las que le permiten diferir o evitar impuestos, mientras que las peores son las que aceleran su pago.

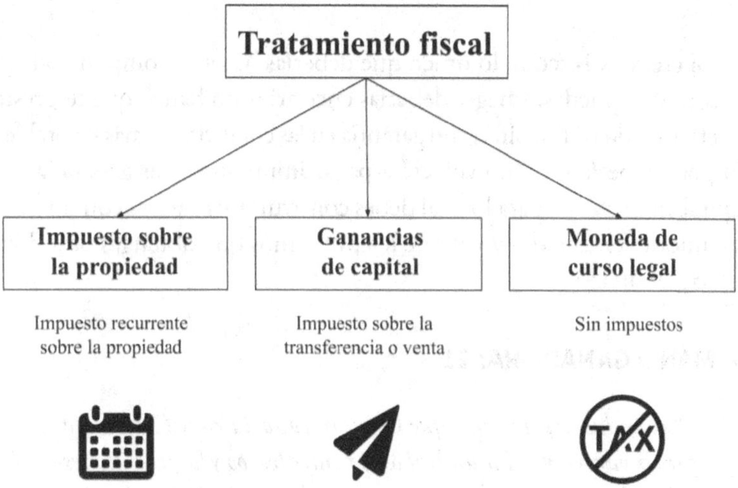

Es más probable que vendas tus Bitcoin si no existe un impuesto a las ganancias de capital, pero eso no significa que debas hacerlo. Vender acciones de Apple, Amazon, Google, Facebook o Microsoft en cualquier momento de su historia habría sido un error, incluso sin impuestos a las ganancias de capital. En lugar de hacer toda clase de malabares para minimizar tus impuestos, ¿qué tal si nunca vendes? Si compras el activo de larga duración más prístino y técnicamente puro, no hay ninguna razón para venderlo jamás. **Bitcoin durará 1000 años. Trasciende a cualquier empresa o país.**

Bitcoin: un avance revolucionario en la preservación del capital

Fuente: Michael Saylor, "Bitcoin: The Digital Gold Rush", presentación principal. H.C. Wainwright 26th Annual Global Investment Conference, Ciudad de Nueva York (10 de septiembre de 2024).

Si crees en Bitcoin, lo único que deberías hacer es comprar todo el Bitcoin que puedas. Luego, deberías encontrar un banco que te preste dinero usando tu Bitcoin como garantía en las condiciones más favorables. Tu plan debería ser: "no volveré a pagar impuestos a las ganancias de capital en mi vida", para lo cual debes construir una cartera con un gran patrimonio en Bitcoin y vivir de los préstamos que obtengas usándolo como garantía.

LA MANO GANADORA: 21

> *"Según las estimaciones que he encontrado, la riqueza total de los hogares a nivel mundial oscila entre los 100 y los 300 billones de dólares. Con 20 millones de monedas, eso le da a cada una un valor de unos 10 millones de dólares".*
>
> —HAL FINNEY[2] (10 de enero de 2009)

[2] Harold Thomas Finney II (1956-2014) fue el destinatario de la primera transacción de Bitcoin

El camino de Bitcoin hacia los 21 millones de dólares será volátil

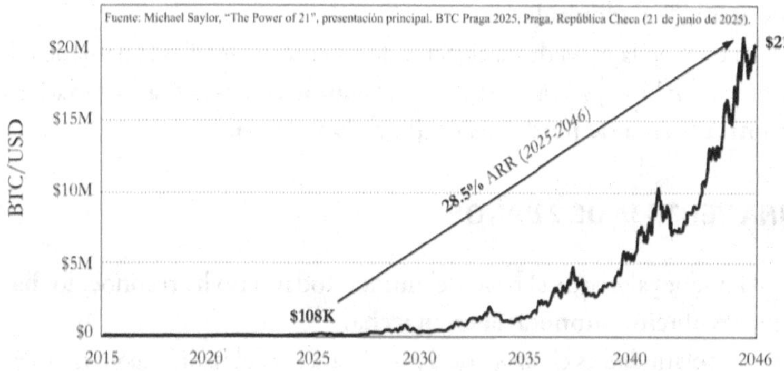

Una semana después del lanzamiento de la red Bitcoin, un genio, Hal Finney, estimó que Bitcoin podría alcanzar los 10 millones de dólares por moneda. Esto nos enseña una gran lección de humildad, porque al resto de nosotros nos costó 16 años y 2 billones de dólares llegar a la misma conclusión.

Mi profecía para Bitcoin es de 21 millones de dólares por moneda en 21 años (2046).

¿En qué se traduce eso? En un rendimiento anualizado del 28,5 %. Espero que Bitcoin siga incrementando su valor de forma exponencial, pero a medida que su capitalización de mercado se acerque a los cientos de billones de dólares, se desacelerará hasta crecer un 21 % anual.

El camino hacia los 21 millones de dólares no será sencillo. Será volátil. Hay que estar preparado para las subidas y las caídas, para los días buenos y los malos. Cuando te encuentres en un mar turbulento, centra la mirada en el horizonte. Te calmará y evitará que hagas algo de lo que luego te arrepientas. HODL significa ignorar el ruido. Ese horizonte es de 21 años, y en él están los 21 millones de dólares.

¿Cómo se comparará con sus alternativas dentro de 21 años? Seguirá siendo el mejor activo de capital. Es fundamental entender esto. Bitcoin siempre será energía económica pura, libre de riesgo de contraparte, de un director ejecutivo, de aranceles, etc. Ninguna otra cosa podrá competir.

---

de parte de Satoshi Nakamoto. El mensaje fue enviado en respuesta al anuncio de Satoshi Nakamoto sobre el lanzamiento de la versión 0.1 de Bitcoin, dirigido a los suscriptores de la lista de correo sobre criptografía

En 2046, Bitcoin seguirá siendo lo más valioso. No querrás venderlo; solo desearás haber adquirido más.

Si estás en la mesa de blackjack y de repente desarrollas la habilidad de anticipar un blackjack, apuesta fuerte. **Cuando tienes la mano ganadora, la única forma de perder es no jugar la partida.**

UNA VENTAJA DE 21 AÑOS

Tú sabes algo que el resto del mundo todavía no ha reconocido: **hay una revolución monetaria en marcha.**

La volatilidad es el regalo de Satoshi para los fieles. Si Bitcoin no fuera volátil, la gente con más dinero y poder que tú simplemente ofrecería más por él y te lo arrebataría. **En el caos reside la oportunidad.** Y la única razón por la que tienes esta oportunidad es *porque* es volátil.

Si te dijera que mañana un Bitcoin valdrá 21 millones de dólares, los únicos que llegarías a tener son los que ya posees ahora mismo. Tu primer pensamiento sería: "¡Debería haber comprado más!". Tu segundo pensamiento: "¡Es demasiado tarde para mi familia y mis amigos!". Y tu tercer pensamiento: "¡No me da tiempo a refinanciar la casa!". Lo peor es saber lo que pasará mañana.

Si te dijera que Bitcoin alcanzará los 21 millones de dólares en 21 años, de forma perfectamente lineal y sin volatilidad, eso también sería terrible. Porque cualquier persona común y corriente que no crea en Bitcoin, o no lo entienda, acabará teniendo más que tú. No te conviene que sea predecible. Quieres que sea *extremadamente* volátil. **Cuando la volatilidad desaparezca, perderás tu ventaja.**

Llevas 21 años de ventaja. Es toda una carrera profesional. Es la oportunidad de trabajar y forjarte una vida: crear una empresa, conseguir capital, lanzar un pódcast, etc. Tienes la ocasión de demostrar tu valía en el plano económico, intelectual, moral y ético.

La mejor manera de predecir el futuro es *crearlo*.

10 reglas para la vida

Una vez asistí a un evento social: un gran cóctel en una villa espectacular con vistas al Mediterráneo. Un multimillonario se me acercó y me dijo: "Michael, quiero regalarles a mis hijos un libro de consejos para cuando cumplan 21 años, con reflexiones de todos mis amigos ¿Escribirías un consejo para ellos?". Le respondí: "Claro, supongo que sí", esperando recibir un correo en unos meses. Pero, en lugar de eso, sacó un bolígrafo y una pequeña libreta roja y me los entregó. Así que me senté, allí mismo, y escribí estas diez cosas.

1. **Concentra tu energía**

   Todo el mundo sobreestima el número de cosas que puede hacer. Crees que puedes hacerlo todo, pero no es así. Lo que lamento en mi vida son todas las buenas ideas que perseguí en perjuicio de mi gran idea. Tendrás docenas de buenas ideas, pero ¿tienes la energía para hacerlas realidad todas? Por eso hay que centrarse. En mi perfil de X tengo ojos láser. El mensaje de los ojos láser es 'concentración'. No es que esté en contra de mil cosas o a favor de cien; simplemente intento defender una sola. Y esa cosa es Bitcoin.

2. **Protege tu tiempo**

   Hay un millón de maneras de gastar el tiempo. Cuando yo era pequeño, teníamos tres canales de televisión. Hoy en día, tienes Twitch y YouTube. Podrías pasarte literalmente los próximos 30 años de tu vida viendo vídeos de ajedrez en YouTube, no jugando al ajedrez, sino simplemente viendo vídeos de otra gente que juega. La plaga de la modernidad es que tenemos a nuestro alcance todo lo que alguna vez pudimos desear. Hemos aprendido a fabricarlo en masa, con calidad farmacéutica, y a reducir su costo variable a cero.

   Cuando era joven, no había porno. En toda mi infancia, vi una revista Playboy una sola vez en el bosque, y era el único tema de conversación entre los adolescentes. Hoy en día, tienes porno, juegos, música y libros hasta el infinito. Yo tenía que ir a la biblioteca, pedirlos prestados y devolverlos. Había un límite en el número de libros que podías sacar. Ahora no hay límite. Así que pregúntate: ¿cómo vas a emplear tu tiempo?

3. **Entrena tu mente**

¿Y cómo deberías entrenarla? Aprende matemáticas, aprende un idioma, aprende lógica, ¡sobre todo, lógica!, y nociones básicas de razonamiento. ¿Cómo se logra eso? No significa necesariamente que tengas que ir a la universidad. Yo fundé Saylor Academy, donde hemos formado a un millón y medio de estudiantes sin cobrarles un centavo; es totalmente gratis.

En mi opinión, es probable que hoy en día puedas entrenar tu mente mejor y más rápido al margen del sistema educativo. Por ejemplo, las opciones de idiomas que tuve en la secundaria eran español, francés o latín. Y eso era todo. Solo pude estudiarlos durante dos años, y al mismo ritmo que los demás. Así que entrena tu mente y ayúdate de la tecnología para lograrlo.

> *"La educación es el portal a las complejidades de la vida moderna".*
>
> —MICHAEL SAYLOR (*The Mobile Wave*)

4. **Entrena tu cuerpo**

No tienes que hacer cosas peligrosas o que impliquen un riesgo excesivo. No te digo que te hagas boxeador, pero creo que cualquier tipo de entrenamiento saludable y los hábitos que adquieras son importantes. No parecerá tan importante a los 20 o 30, a esa edad, puedes permitirte tener muy malos hábitos, pero pagarás un precio más alto a los cuarenta, y la situación empeorará exponencialmente a los cincuenta.

Si no entrenas el cuerpo, a veces la aventura termina cuando llegas a los sesenta. Poder seguir activo hasta los ochenta depende de cómo cuides tu salud. Si te falla el cuerpo, la mente no tardará en seguirle, y la vida no será tan divertida.

5. **Piensa por ti mismo**

Todo el mundo va a decirte qué pensar. Todos los medios de comunicación se dedican a decirte qué pensar y, por lo general, tienen una agenda. En algún momento de tu vida, leerás un artículo y te cuestionarás la agenda del periodista que lo escribió, del medio que lo publicó y del país en el que vive. Así que da por hecho que todo está sesgado; tu tarea es sintetizar la información y llegar a tu propia versión de la verdad.

6. **Selecciona bien a tus amigos**

Ten cuidado con tus compañías. Una mala amistad ha arruinado muchas vidas. Elige a tus amigos con esmero y presta atención a sus valores. Hay ocho mil millones de personas en el planeta; tienes infinitas opciones. Algunas personas te harán crecer y te impulsarán; valóralas. Otras te hundirán; huye de ellas. Encuentra tres amigos con los que de verdad te compenetres.

7. **Selecciona tu entorno**

Elige un entorno que sea agradable y saludable. Elige dónde vas a vivir: la ciudad o el barrio. Elige cómo vas a vivir: en una casa con jardín o en un apartamento. Reflexiónalo bien; tienes más alternativas de las que crees. Afectará a tu salud mental y física.

Por ejemplo, la probabilidad de que te roben o te asesinen está estrechamente ligada a tus hábitos como peatón. Si cada día caminas diez manzanas por un barrio peligroso para ir a trabajar, tienes mil veces más probabilidades de que te roben o te asesinen. El lugar y la forma en que vives son determinantes.

8. **Cumple tus promesas**

Tu capacidad para lograr cosas en la vida depende de tu credibilidad, y la credibilidad se consolida con el tiempo. En los negocios, la credibilidad es la diferencia entre el éxito y el fracaso. Por ejemplo, nuestras acciones cotizan en los mercados públicos todos los días de la semana de 9:30 a 16:00. Si la gente pensara que actúo en contra de lo que digo, miles de millones de dólares de capital se esfumarían en un instante. Si hay algo que la gente recordará de ti, es que no cumpliste una promesa. Si te falta credibilidad, la gente no querrá ayudarte; puede que incluso celebren tu fracaso. Así que no hagas promesas que no puedas cumplir y cumple siempre las que hagas.

9. **Sé alegre y constructivo**

   El mundo está lleno de un sinfín de cosas feas y horribles, y podrías hablar de ellas hasta la saciedad. Pero si pasas tres horas haciéndolo con alguien, esa persona se sentirá abatida y exhausta.

   Lo digo por experiencia. Recuerdo estar con un empleado, de mal humor, diciéndole: "Esto no funciona, aquello no está bien y podríamos haberlo hecho mejor". Luego le daba una sugerencia, pero para entonces ya lo había aniquilado. Si quieres lograr algo, ya sea en el trabajo o en una amistad, busca la manera de hacerlo con alegría y de forma constructiva. La gente tiene que disfrutar de su trato contigo y desearlo. Funciona mejor.

10. **Mejora el mundo**

    Las oportunidades del siglo XXI son extraordinarias. Hay muchísimas formas de mejorar el mundo. Averigua cómo vas a hacerlo *tú*.

Lista de lecturas

Libros mencionados o recomendados (lista no exhaustiva):

BITCOIN

The Internet of Money *de Andreas M. Antonopoulos (2016)*

Vi muchas de sus conferencias y leí su primer libro.

El Patrón Bitcoin *de Saifedean Ammous (2018)*

El Patrón Bitcoin debería ser de lectura obligatoria para todos los interesados en el dinero. El mejor elogio que puedo hacerle a este libro es que lo leí y decidí comprar 425 millones de dólares en Bitcoin.

The Bullish Case for Bitcoin[1] *de Vijay Boyapati (2021)*

Gradually, Then Suddenly[2] *de Parker Lewis (2023)*

Me mantuvo en vilo hasta bien entrada la noche. No quise dormir hasta haberlo terminado.

Resistance Money *de Andrew M. Bailey, Bradley Rettler y Craig Warmke (2024)*

Un logro literario, reflexivo y bien documentado, que nos recuerda que Bitcoin es el mejor dinero para todos porque está brillantemente diseñado para servir como dinero para cualquiera.

HISTORIA

The Story of Civilization *de Will y Ariel Durant (1935-1975)*

Lee cada volumen, de principio a fin.

The Structure of Scientific Revolutions *de Thomas S. Kuhn (1962)*

Kuhn presenta la idea del cambio de paradigma. Lo que observa es que, cuando surge un paradigma nuevo, son los jóvenes quienes lo acogen. Y la única razón por la que los adultos llegan a adoptarlo es por la guerra.

---

[1] Publicado originalmente como un ensayo de gran extensión en 2018.

[2] Publicado originalmente como una serie de ensayos entre 2019 y 2020.

The Warburgs: The Twentieth-Century Odyssey of a Remarkable Jewish Family *de Ron Chernow (1993)*

Basta con leer cualquier historia de lo que la familia Warburg, y todas las familias judías, atravesaron en la Alemania de los años treinta, y lo que los banqueros tuvieron que hacer para sacar el capital del país. Se llega a comprender de un modo muy conmovedor y directo la necesidad de contar con capital móvil.

FICCIÓN

The Moon is a Harsh Mistress *de Robert A. Heinlein (1966)*

La obra por excelencia de Robert Heinlein, en la que acuña la frase "nada es gratis". Lo leí probablemente a los nueve años, así que siempre he pensado así.

Have Space Suit - Will Travel *de Robert A. Heinlein (1958)*

Este es el libro que me inspiró a ir al MIT.

Atlas Shrugged *de Ayn Rand (1957)*

Las historias de Ayn Rand tratan sobre la lucha del individuo contra el colectivo, y son cautivadoras. A mí, sencillamente, me pareció increíblemente inspiradora. Cuando leí *La rebelión de Atlas* por primera vez, no pude soltar el libro. Llegué a dedicarle 12, luego 14 y hasta 16 horas diarias. La naturaleza humana no cambia. Esa lucha existía hace cien mil años, y existe hoy. Lo que sí cambia es la tecnología. Hace cien mil años, un ser humano enfurecido podía matar a otras 10 personas. Hoy, un ser humano enfurecido puede matar a 100 millones. Por eso, a medida que la tecnología avanza, nuestras ideas sobre la ética, la moral, la tecnología y el civismo deben evolucionar. Ayn Rand describe con una maestría excepcional la miseria humana que se produce cuando alguien intenta usar la fuerza bruta para interferir en el orden natural. *Atlas Shrugged* siempre ha sido un símbolo de racionalidad, orden y vida.

ECONOMÍA AUSTRÍACA

The Creature from Jekyll Island *de G. Edward Griffin (1994)*

What Has Government Done to Our Money? *de Murray N. Rothbard (1963)*

Cuando estaba en la universidad, me encontré con estos temas y me fui adentrando en la economía austríaca. Por lo general, estaba de acuerdo con todo aquello. Al fin y al cabo, no hace falta tener muchos estudios para darse cuenta de que el capitalismo, la justicia y los mecanismos de vaciado del mercado tienen sentido.

Conceived in Liberty *de Murray N. Rothbard (1979)*

Recomiendo a todo aquel a quien le interese la historia que lea *Conceived in Liberty*. Rothbard escribió una historia muy detallada de las colonias antes de la Guerra de la Independencia, desde la perspectiva de un economista austríaco. Te va guiando paso a paso. Te das cuenta de que la política es una forma de canalizar el poder, y de que lo hace mediante la construcción de una autoridad política centralizada.

An Austrian Perspective on the History of Economic Thought *de Murray N. Rothbard (1995)*

LO QUE DEBERÍAS LEER

Creo que hay tres categorías generales que te prepararán para tomar decisiones racionales en el mundo moderno: la **teoría económica** (desde una perspectiva austriaca), las **biografías de innovadores** (es decir, Rockefeller, Carnegie, Morgan, Mellon, Edison, Newton, Leibniz, Voltaire, etc.) y la **historia general**.

Ojalá hubiera estudiado aún más historia. Gran parte de ella no es más que un relato (history, *his story*), moldeado por quienes lo registran. Alejandro Magno aseguró su legado llevando a Calístenes con él en sus campañas. Por eso Alejandro es *el Grande*: contrató a un historiador para que escribiera un libro sobre él. Hay 10.000 historias desde 10.000 puntos de vista. Los mayas, los romanos, los aztecas y cualquier otra civilización construyen narrativas en las que ellos son los héroes y los demás, los villanos. Si lees suficiente historia, te volverás más empático y estarás mejor preparado para comprender los acontecimientos actuales.

> *"Quienquiera que considere el pasado y el presente observará fácilmente que a todas las ciudades y a todos los pueblos los animan y siempre los han animado los mismos deseos y las mismas pasiones; de modo que es fácil, mediante un estudio*

diligente del pasado, prever lo que probablemente sucederá en el futuro en cualquier república..."

—NICCOLÒ MACHIAVELLI (*The Discourses*)

→Libros adicionales en **hope.com**

Referencias

0. Estrategia fundacional

McCormack, P. (Presentador). (29 de noviembre de 2021). *Bitcoin is digital energy with Michael Saylor* (n.º 431) [Episodio de podcast]. En *What Bitcoin Did.*

Pompliano, A. (Presentador). (16 de septiembre de 2020). *Michael Saylor on buying Bitcoin with his balance sheet* (n.º 385) [Episodio de podcast]. En *The Pomp Podcast.*

Cap. 1

Conferencia sobre los resultados de Microstrategy del tercer trimestre de 2024.

Cap. 2

Breedlove, R. (Presentador). (17 de mayo de 2023). *The nature of energy with Michael Saylor* (N.º 314) [Episodio de podcast]. En *The What is Money Show.*

Chhugani, G. (Presentador). (9 de octubre de 2024). *Michael Saylor on MicroStrategy's Bitcoin journey* [Charla informal]. Bernstein Advisors.

Cap. 3

Breedlove, R. (Presentador). (20 de noviembre de 2020). *The Saylor series #1: The rise of man through the Stone and Iron Ages* (n.º 1) [Episodio de podcast]. En *What is Money? Show.*

Cap. 4

Breedlove, R. (Presentador). (17 de mayo de 2023). *The nature of energy with Michael Saylor* (n.º 314) [Episodio de podcast]. En *The What is Money Show.*

Cap. 5

Pysh, P. (Presentador). (12 de octubre de 2022). *Michael Saylor's deep dive on Bitcoin energy misconceptions* (n.º 99) [Episodio de podcast]. En *Bitcoin Fundamentals.* The Investor's Podcast Network.

Cap. 6

Breedlove, R. (Presentador). (20 de noviembre de 2020). *The Saylor series #1: The rise of man through the Stone and Iron Ages* (n.º 1) [Episodio de pódcast]. En *What is Money? Show.*

Breedlove, R. (Presentador). (21 de diciembre de 2020). *The Saylor series #4: Bitcoin: The first digital monetary energy network* (n.º 4) [Episodio de pódcast]. En *The What is Money Show.*

Brennan, M. (Presentador). (23 de enero de 2025). *CEO reception with Michael Saylor & Morgan Brennan* [Sesión de conferencia]. Conferencia ICR 2025.

Diamandis, P. (Presentador). (26 de marzo de 2024). *The future of Bitcoin w/ Michael Saylor* (n.º 92) [Episodio de podcast]. En *Abundance 360 Summit, Moonshots.*

Jilch, N. (Presentador). (19 de junio de 2024). *The lifeblood of civilizations* [Diálogo]. BTC Prague 2024.

Saylor, M. (26 de julio de 2024). *The Bitcoin revolution: Rebuilding the global economy with digital capital* [Conferencia magistral]. Bitcoin 2024, Nashville.

Cap. 7

Breedlove, R. (Presentador). (21 de Diciembre de 2020). *The Saylor series #4: Bitcoin: The first digital monetary energy network* (n.º 4) [Episodio de podcast]. En *The What is Money Show.*

Breedlove, R. (Presentador). (6 de Septiembre de 2021). *The Saylor series #10: The death of gold* (n.º 44) [Episodio de podcast]. En *The What is Money Show.*

Brunell, N. (Presentador). (18 de Noviembre 18 de 2024). *Michael Saylor on Bitcoin, the red wave, the future of crypto and building wealth* [Episodio de podcast]. En *Coin Stories.*

Chhugani, G. (Presentador). (9 de Octubre de 2024). *Michael Saylor on MicroStrategy's Bitcoin journey* [Diálogo]. Bernstein Advisors.

Diamandis, P. (Presentador). (26 de Marzo de 2024). *The future of Bitcoin with Michael Saylor* (n.º 92) [Episodio de podcast]. En *Abundance 360 Summit, Moonshots.*

Jilch, N. (Presentador). (19 de Junio de 2024). *The lifeblood of civilizations* [Diálogo]. BTC Prague 2024.

Pysh, P. (Presentador). (12 de Octubre de 2022). *Michael Saylor's deep dive on Bitcoin energy misconceptions* (n.º 99) [Episodio de podcast]. En *Bitcoin Fundamentals*. The Investor's Podcast Network.

Saylor, M. (2 de Mayo de 2024). *There is no second best* [Conferencia magistral]. MicroStrategy World 2024: Bitcoin for Corporations, Las Vegas.

Saylor, M. (11 de Marzo de 2025). *Strategic Bitcoin reserve: A strategy for U.S. digital supremacy* [Conferencia magistral]. Bitcoin for America Forum, Washington, D.C., Bitcoin Policy Institute.

Cap. 8

Bhatia, N. (Presentador). (21 de Octubre de 2022). *Bitcoin as property: What perfection looks like* [Episodio de podcast]. En *The Bitcoin Layer.*

Breedlove, R. (Presentador). (16 de enero de 2021). *The Saylor series #9: Economics, inflation, interest rates, and natural competition* (n.º 9) [Episodio de podcast]. En *The What is Money Show.*

Livera, S. (Presentador). (21 de Septiembre de 2020). *Bitcoin dematerializes money* (n.º 213) [Episodio de podcast]. En *The Stephan Livera Podcast.*

McCormack, P. (Presentador). (25 de Mayo de 2024). *Bitcoin is forever money* (n.º 817) [Episodio de podcast]. En *What Bitcoin Did.*

Pompliano, A. (Presentador). (16 de Septiembre de 2020). *Michael Saylor on buying Bitcoin with his balance sheet* (n.º 385) [Episodio de podcast]. En *The Pomp Podcast.*

Pysh, P. (Presentador). (22 de Diciembre de 2020). *Masterclass in economic calculation* (n.º 5) [Episodio de podcast]. En *Bitcoin Fundamentals*. The Investor's Podcast Network.

Robles, A. (Presentador). (10 de Marzo de 2021). *Michael Saylor on economics, Bitcoin and decision making* [Episodio de podcast]. En *Family Office Association.*

Saylor, M. (2 de Mayo de 2024). *There is no second best* [Conferencia magistral]. MicroStrategy World 2024: Bitcoin for Corporations, Las Vegas.

Cap. 9

Breedlove, R. (Presentador). (6 de Septiembre de 2021). *The Saylor series #10: The death of gold* (n.º 44) [Episodio de podcast]. En *The What is Money Show.*

Cap. 10

Breedlove, R. (Presentador). (7 de Diciembre de 2020). *Technology themes through history—Harder, smarter, faster, stronger* (n.º 3) [Episodio de podcast]. En *The What is Money Show, The Saylor Series.*

Brunell, N. (Presentador. (18 de Noviembre de 2024). *Michael Saylor on Bitcoin, the red wave, the future of crypto and building wealth* [Episodio de podcast]. En *Coin Stories.*

Chhugani, G. (Presentador). (9 de Octubre de 2024). *Michael Saylor on MicroStrategy's Bitcoin journey* [Diálogo]. Bernstein Advisors.

Saylor, M. (2 de Mayo de 2024). *There is no second best* [Conferencia magistral]. MicroStrategy World 2024: Bitcoin for Corporations, Las Vegas.

Saylor, M. (26 de Julio de 2024). *The Bitcoin revolution: Rebuilding the global economy with digital capital* [Conferencia magistral]. Bitcoin 2024, Nashville.

Cap. 11

Breedlove, R. (Presentador). (21 de Diciembre de 2020). *The Saylor series #4: Bitcoin: The first digital monetary energy network* (n.º 4) [Episodio de podcast]. En *The What is Money Show.*

Breedlove, R. (Presentador). (6 de Septiembre de 2021). *The Saylor series #10: The death of gold* (n.º 44) [Episodio de podcast]. En *The What is Money Show.*

Chhugani, G. (Presentador). (9 de Octubre de 2024). *Michael Saylor on MicroStrategy's Bitcoin journey* [Diálogo]. Bernstein Advisors.

Pompliano, A. (Presentador). (16 de Septiembre de 2020). *Michael Saylor on buying Bitcoin with his balance sheet* (n.º 385) [Episodio de podcast]. En *Pomp Podcast.*

Saylor, M. (2 de Mayo de 2024). *There is no second best* [Conferencia magistral]. MicroStrategy World 2024: Bitcoin for Corporations, Las Vegas.

Scaramucci, A. (Presentador). (19 de Enero de 2021). *Michael Saylor: The importance of Bitcoin* (n.º 141) [Episodio de podcast]. En *SALT Talks.*

Cap. 12

Bhatia, N. (Presentador). (21 de Octubre de 2022). *Bitcoin as property: What perfection looks like* [Episodio de podcast]. En *The Bitcoin Layer.*

Saylor, M. (2 de Mayo de 2024). *There is no second best* [Conferencia magistral]. MicroStrategy World 2024: Bitcoin for Corporations, Las Vegas.

Cap. 13

Bhatia, N. (Presentador). (15 de Febrero de 2023). *The 24 risks of equities* [Episodio de podcast]. En *The Bitcoin Layer.*

Cap. 14

Bhatia, N. (Presentador). (21 de Octubre de 2022). *Bitcoin as property: What perfection looks like* [Episodio de podcast]. En *The Bitcoin Layer.*

Bhatia, N. (Presentador). (15 de Febrero de 2023). *The 24 risks of equities* [Episodio de podcast]. En *The Bitcoin Layer.*

Chhugani, G. (Presentador). (9 de Octubre de 2024). *Michael Saylor on MicroStrategy's Bitcoin journey* [Diálogo]. Bernstein Advisors.

Diamandis, P. (Presentador). (26 de Marzo de 2024). *The future of Bitcoin w/ Michael Saylor* (n.º 92) [Episodio de podcast]. En *Abundance 360 Summit, Moonshots.*

McCormack, P. (Presentador). (25 de Mayo de 2024). *Bitcoin is forever money* (n.º 817) [Episodio de podcast]. En *What Bitcoin Did.*

Saylor, M. (2 de Mayo de 2024). *There is no second best* [Conferencia magistral]. MicroStrategy World 2024: Bitcoin for Corporations, Las Vegas, NV.

Cap. 15

Brunell, N. (Presentador). (18 de Noviembre de 2024). *Michael Saylor on Bitcoin, the red wave, the future of crypto and building wealth* [Episodio de podcast]. En *Coin Stories.*

Chhugani, G. (Presentador). (9 de Octubre de 2024). *Michael Saylor on MicroStrategy's Bitcoin journey* [Diálogo]. Bernstein Advisors.

Jilch, N. (Presentador). (19 de Junio de 2024). *The lifeblood of civilizations* [Diálogo]. BTC Prague 2024, Prague, CZ.

Lee, C. (Presentador). (25 de Marzo de 2025). *Bitcoin's $200T future: CoinDesk spotlight with Michael Saylor* [Video]. CoinDesk.

Odell, M. (Presentador). (26 de Julio de 2024). *Saylor x Odell fireside* [Diálogo]. Citadel Dispatch, Bitcoin Park, Nashville, TN.

Saylor, M. (2 de Mayo de 2024). *There is no second best* [Conferencia magistral]. MicroStrategy World 2024: Bitcoin for Corporations, Las Vegas, NV.

Saylor, M. (11 de Marzo de 2025). *Strategic Bitcoin reserve: A strategy for U.S. digital supremacy* [Conferencia magistral]. Bitcoin for America Forum, Washington, D.C., Bitcoin Policy Institute.

Cap. 16

Breedlove, R. (Presentador). (7 de Diciembre de 2020). *Technology themes through history—Harder, smarter, faster, stronger* (n.º 3) [Episodio de podcast]. In *The What is Money Show, The Saylor Series.*

McCormack, P. (Presentador). (29 de Noviembre de 2021). *Bitcoin is digital energy with Michael Saylor* (n.º 431) [Episodio de podcast]. En *What Bitcoin Did.*

Pompliano, A. (Presentador). (16 de Septiembre de 2020). *Michael Saylor on buying Bitcoin with his balance sheet* (n.º 385) [Episodio de podcast]. En *The Pomp Podcast.*

Saylor, M. (21 de Junio de 2025). *The power of 21* [Conferencia magistral]. BTC Prague 2025, Prague, CZ.

Scaramucci, A. (Presentador). (19 de enero de 2021). *Michael Saylor: The importance of Bitcoin* (n.º 141) [Episodio de podcast]. En *SALT Talks.*

Cap. 17

Breedlove, R. (Presentador). (20 de Noviembre de 2020). *The Saylor series #1: The rise of man through the Stone and Iron Ages* (n.º 1) [Episodio de podcast]. In *What is Money? Show.*

Breedlove, R. (Presentador). (17 de Mayo de 2023). *The nature of energy with Michael Saylor* (n.º 314) [Episodio de podcast]. En *The What is Money Show.*

McCormack, P. (Presentador). (25 de Mayo de 2024). *Bitcoin is forever money* (n.º 817) [Episodio de podcast]. En *What Bitcoin Did.*

Pysh, P. (Presentador). (12 de Octubre de 2022). *Michael Saylor's deep dive on Bitcoin energy misconceptions* (n.º 99) [Episodio de podcast]. En *Bitcoin Fundamentals.* The Investor's Podcast Network.

Saylor, M. (20 de Marzo de 2025). *The 21 truths of Bitcoin* [Conferencia magistral]. Digital Asset Summit 2025, New York City, NY, Blockworks.

Cap. 18

Breedlove, R. (Presentador). (20 de Noviembre de 2020). *The Saylor series #1: The rise of man through the Stone and Iron Ages* (n.º 1) [Episodio de podcast]. In *What is Money? Show.*

Breedlove, R. (Presentador). (6 de Septiembre de 2021). *The Saylor series #10: The death of gold* (n.º 44) [Episodio de podcast]. En *The What is Money Show.*

Diamandis, P. (Presentador). (26 de Marzo de 2024). *The future of Bitcoin w/ Michael Saylor* [Episodio de podcast]. En *Abundance 360 Summit.* (Los Angeles, CA).

McCormack, P. (Presentador). (29 de Noviembre de 20221). *Bitcoin is digital energy with Michael Saylor* (n.º 431) [Episodio de podcast]. En *What Bitcoin Did.*

McCormack, P. (Presentador). (25 de Mayo de 2024). *Bitcoin is forever money* (n.º 817) [Episodio de podcast]. En *What Bitcoin Did.*

Cap. 19

Chhugani, G. (Presentador). (9 de Octubre de 2024). *Michael Saylor on MicroStrategy's Bitcoin journey* [Diálogo]. Bernstein Advisors.

Lee, C. (Presentador). (25 de Marzo de 2025). *Bitcoin's $200T future: CoinDesk spotlight with Michael Saylor* [Video]. CoinDesk.

McCormack, P. (Presentador). (29 de Noviembre de 2021). *Bitcoin is digital energy with Michael Saylor* (n.º 431) [Episodio de podcast]. En *What Bitcoin Did.*

Pysh, P. (Presentador). (12 de Octubre de 2022). *Michael Saylor's deep dive on Bitcoin energy misconceptions* (n.º 99) [Episodio de podcast]. En *Bitcoin Fundamentals.* The Investor's Podcast Network.

Saylor, M. (2 de Mayo de 2024). *There is no second best* [Conferencia magistral]. MicroStrategy World 2024: Bitcoin for Corporations, Las Vegas, NV.

Saylor, M. (26 de Julio de 2024). *The Bitcoin revolution: Rebuilding the global economy with digital capital* [Conferencia magistral]. Bitcoin 2024, Nashville, TN.

Saylor, M. (11 de Septiembre de 2024). *The digital gold rush* [Conferencia magistral]. H.C. Wainwright Annual Global Investment Conference, New York City, NY.

Cap. 20

McCormack, P. (Presentador). (29 de Noviembre de 2021). *Bitcoin is digital energy with Michael Saylor* (n.º 431) [Episodio de podcast]. En *What Bitcoin Did.*

McShane, A. (Presentador). (9 de Octubre de 2021). *Michael Saylor: The predator prey dynamics of Bitcoin* [Episodio de podcast]. En *Bitcoin Magazine.*

Odell, M. (Presentador). (26 de Julio de 2024). *Michael Saylor x Matt Odell fireside chat* [Diálogo]. Bitcoin Park, Nashville, TN.

Bet-David, P. (Presentador). (10 de Noviembre de 2024). *MicroStrategy's Michael Saylor: Bitcoin to $13M? MicroStrategy's $4B Bitcoin bet* (n.º 508) [Episodio de podcast]. En *PBD Podcast.* Valuetainment Media.

Saylor, M. (11 de Septiembre de 2024). *The digital gold rush* [Conferencia magistral]. H.C. Wainwright Annual Global Investment Conference, New York City, NY.

Saylor, M. (11 de Marzo de 2025). *Strategic Bitcoin reserve: A strategy for U.S. digital supremacy* [Conferencia magistral]. Bitcoin for America Forum, Washington, D.C., Bitcoin Policy Institute.

Cap. 21

Breedlove, R. (Presentador). (17 de Mayo de 2023). *The nature of energy with Michael Saylor* (n.º 314) [Episodio podcast]. En *The What is Money Show.*

McCormack, P. (Presentador). (29 de Noviembre de 2021). *Bitcoin is digital energy with Michael Saylor* (n.º 431) [Episodio de podcast]. En *What Bitcoin Did.*

McShane, A. (Presentador). (9 de Octubre de 2021). *Michael Saylor: The predator-prey dynamics of Bitcoin* [Episodio de podcast]. En *Bitcoin Magazine.*

Pysh, P. (Presentador). (12 de Octubre de 2022). *Michael Saylor's deep dive on Bitcoin energy misconceptions* (n.º 99) [Episodio de podcast]. En *Bitcoin Fundamentals.* The Investor's Podcast Network.

Cap. 22

Breedlove, R. (Presentador). (28 de Diciembre de 2020). *The Saylor series #6: Digital gold: Harder, smarter, stronger, and faster* (n.º 6) [Episodio de podcast]. En *The What is Money Show.*

Breedlove, R. (Presentador). (17 de Mayo de 2023). *The nature of energy with Michael Saylor* (n.º 314) [Episodio de podcast]. En *The What is Money Show.*

Pysh, P. (Presentador). (12 de Octubre de 2022). *Michael Saylor's deep dive on Bitcoin energy misconceptions* (n.º 99) [Episodio de podcast]. En *Bitcoin Fundamentals.* The Investor's Podcast Network.

Saylor, M. (11 de Marzo de 2025). *Strategic Bitcoin reserve: A strategy for U.S. digital supremacy* [Conferencia magistral]. Bitcoin for America Forum, Washington, D.C., Bitcoin Policy Institute.

Cap. 23

Bhatia, N. (Presentador). (15 de Febrero de 2023). *The 24 risks of equities* [Episodio de podcast]. En *The Bitcoin Layer.*

Breedlove, R. (Presentador). (7 de Diciembre de 2020). *Technology themes through history—Harder, smarter, faster, stronger* (n.º 3) [Episodio de podcast]. En *The What is Money Show, The Saylor Series.*

Livera, S. (Presentador). (21 de Septiembre de 2020). *Bitcoin dematerializes money* (n.º 213) [Episodio de podcast]. En *Stephan Livera Podcast.*

Pompliano, A. (Presentador). (16 de Septiembre de 2020). *Michael Saylor on buying Bitcoin with his balance sheet* (n.º 385) [Episodio de podcast]. En *The Pomp Podcast.*

Pysh, P. (Presentador). (12 de Octubre de 2022). *Michael Saylor's deep dive on Bitcoin energy misconceptions* (n.º 99) [Episodio de podcast]. En *Bitcoin Fundamentals.* The Investor's Podcast Network.

Saylor, M. (2 de Mayo de 2024). *There is no second best* [Conferencia magistral]. MicroStrategy World 2024: Bitcoin for Corporations, Las Vegas.

Cap. 24

Livera, S. (Presentador). (21 de Septiembre de 2020). *Bitcoin dematerializes money* (n.º 213) [Episodio de podcast]. En *Stephan Livera Podcast.*

Pysh, P. (Presentador). (12 de Octubre de 2022). *Michael Saylor's deep dive on Bitcoin energy misconceptions* (n.º 99) [Episodio de podcast]. En *Bitcoin Fundamentals.* The Investor's Podcast Network.

Cap. 25

Diamandis, P. (Presentador). (26 de Marzo de 2024). *The future of Bitcoin w/ Michael Saylor* (n.º 92) [Episodio de podcast]. En *Moonshots.* Abundance 360 Summit.

Saylor, M. (1 de Marzo de 2024). *Bitcoin is for everyone* [Conferencia magistral]. Bitcoin Atlantis, Madeira, Portugal.

Saylor, M. (2 de Mayo de 2024). *There is no second best* [Conferencia magistral]. MicroStrategy World 2024: Bitcoin for Corporations, Las Vegas, NV.

Saylor, M. (6 de Mayo de 2025). *Bitcoin for corporations* [Conferencia magistral]. Strategy World 2025: Bitcoin for Corporations, Orlando, FL.

Saylor, M. (21 de Junio de 2025). *The power of 21* [Conferencia magistral]. BTC Prague 2025, Prague, CZ.

Cap. 26

McCormack, P. (Presentador). (29 de Noviembre de 2021). *Bitcoin is digital energy with Michael Saylor* (n.º 431) [Episodio de podcast]. En *What Bitcoin Did.*

Pompliano, A. (Presentador). (16 de Septiembre de 2020). *Michael Saylor on buying Bitcoin with his balance sheet* (n.º 385) [Episodio de podcast]. En *The Pomp Podcast.*

Cap. 27

McCormack, P. (Presentador). (29 de Noviembre de 2021). *Bitcoin is digital energy with Michael Saylor* (n.º 431) [Episodio de podcast]. En *What Bitcoin Did.*

Cap. 28

Chhugani, G. (Presentador). (9 de Octubre de 2024). *Michael Saylor on MicroStrategy's Bitcoin journey* [Diálogo]. Bernstein Advisors.

McCormack, P. (Presentador). (29 de Noviembre de 2021). *Bitcoin is digital energy with Michael Saylor* (n.º 431) [Episodio de podcast]. En *What Bitcoin Did.*

Mekhail, G. (Presentador). (28 de Mayo de 2025). *Michael Saylor: Why Bitcoin Q&A* [Sesión]. Bitcoin 2025, Las Vegas, NV.

Odell, M. (Presentador). (26 de Julio de 2024). *Saylor X Odell fireside* [Diálogo]. Citadel Dispatch, Bitcoin Park, Nashville, TN.

Saylor, M. (26 de Julio de 2024). *The Bitcoin revolution: Rebuilding the global economy with digital capital* [Conferencia magistral]. The Bitcoin Conference, Nashville, TN.

Saylor, M. (21 de Junio de 2025). *The power of 21* [Conferencia magistral]. BTC Prague 2025, Prague, CZ.

Microstrategy (30 de Octubre de 2024), Q3 2024 Earnings Call

Strategy (7 de Julio de 2025). *MicroStrategy $4.2B STRD ATM investor presentation* [Presentación para inversionistas].

Cap. 29

Jilch, N. (Presentador). (19 de Junio de 2024). *The lifeblood of civilizations* [Diálogo]. BTC Prague 2024, Prague, CZ.

Cap. 30

Brunell, N. (Presentador). (18 de Noviembre de 2024). *Michael Saylor on Bitcoin, the red wave, the future of crypto and building wealth* [Episodio de podcast]. En *Coin Stories.*

Saylor, M. (11 de Septiembre de 2024). *The digital gold rush* [Conferencia magistral]. H.C. Wainwright Annual Global Investment Conference, New York City, NY.

Cap. 31

McCormack, P. (Presentador). (29 de Noviembre de 2021). *Bitcoin is digital energy with Michael Saylor* (n.º 431) [Episodio de podcast]. En *What Bitcoin Did.*

Saylor, M. (14 de Junio de 2024). *21 rules of Bitcoin* [Conferencia magistral]. BTC Prague, Prague, CZ.

Cap. 32

McCormack, P. (Presentador). (29 de Noviembre de 2021). *Bitcoin is digital energy with Michael Saylor* (n.º 431) [Episodio de podcast]. En *What Bitcoin Did.*

Odell, M. (Presentador). (26 de Julio de 2024). *Saylor x Odell fireside* [Diálogo]. Citadel Dispatch, Bitcoin Park, Nashville, TN.

Saylor, M. (2 de Mayo de 2024). *There is no second best* [Conferencia magistral]. MicroStrategy World 2024: Bitcoin for Corporations, Las Vegas, NV.

Cap. 33

Chhugani, G. (Presentador). (9 de Octubre de 2024). *Michael Saylor on MicroStrategy's Bitcoin journey* [Diálogo]. Bernstein Advisors.

Henderson, A. (Presentador). (15 de Mayo de 2021). *Why Michael Saylor says Bitcoin is the best asset class now* [Episodio de podcast]. En *Nomad Capitalist.*

McCormack, P. (Presentador). (29 de Noviembre de 2021). *Bitcoin is digital energy with Michael Saylor* (n.º 431) [Episodio de podcast]. En *What Bitcoin Did.*

Miller, B., IV (Presentador). (26 de Julio de 2024). *Fireside chat with Michael Saylor* [Diálogo]. Bitcoin 2024, Nashville, TN.

Odell, M. (Presentador). (26 de Julio de 2024). *Saylor X Odell fireside* [Diálogo]. Citadel Dispatch, Bitcoin Park, Nashville, TN.

Saylor, M. (2 de Mayo de 2024). *There is no second best* [Conferencia magistral]. MicroStrategy World 2024: Bitcoin for Corporations, Las Vegas, NV.

Saylor, M. (21 de Junio de 2025). *The power of 21* [Conferencia magistral]. BTC Prague 2025, Prague, CZ.

Bonus

McCormack, P. (Presentador). (17 de Mayo de 2023). *10 rules for life with Michael Saylor* (n.º 659) [Episodio de podcast]. En *What Bitcoin Did.*

Agradecimientos

Personas que revisaron los primeros borradores y/o ofrecieron su apoyo: Preston Pysh, Will Cole, Max Keiser, Ricardo Salinas Pliego, Seb Bunney, and Chris Kuiper

Entrevistadores, productores de eventos y creadores de contenido que otorgaron permiso para incluir su trabajo: Robert Breedlove, Natalie Brunell, Tom Ryan and Morgan Brennan at ICR, Matayas Kuchar, Gautam Chhugani at Bernstein, Stephan Livera, Peter McCormack, Niko Jilch, Anthony Pompliano, Nik Bhatia, Peter Diamandis, Robles Angelo, Anthony Scaramucci, Matt Odell, Rod Roudi at Bitcoin Park, H.C. Wainwright & Co., Stephen Chow, and LaDoger.

A las personas de **Strategy** por ser receptivas con el proyecto: Bonnie Roberts, Shirish Jajodia, and Chaitanya Jain.

A **Sam Callahan** por editar el manuscrito y al equipo de **Konsensus Network** por producir el producto final.

A **Michael Saylor**, por educar a millones de personas y conceder permiso para crear este material.

A **mi esposa e hijas**, por darme el mundo.

Y a la persona que me presentó por primera vez a **Bitcoin** (tú sabes quién eres).

www.ingramcontent.com/pod-product-compliance
Lightning Source LLC
La Vergne TN
LVHW032010041026
849517LV00010B/2917
* 9 7 8 9 9 1 6 7 4 9 8 3 8 *